上海交通大学
人文社会科学成果文库

城市品牌形象

萧冰
陈昕雨 著

City Brand Image

上海交通大学 出版社
SHANGHAI JIAO TONG UNIVERSITY PRESS

内容提要

    本书主要从视觉传播的角度对城市品牌形象的建构进行了论述。第一章对城市品牌形象进行了概述,阐释了城市品牌形象研究的意义与价值,以及与城市品牌相关的几个重要概念。第二章对城市品牌形象的国内外研究进行了梳理与评述,并评价了中国城市品牌的发展状况。第三章结合地标建筑、公共空间艺术、城市宣传片、品牌标志等几个方面阐述了城市品牌形象的塑造。第四章以中日、中美以及"一带一路"沿线国家的城市品牌形象为对象进行了跨文化传播的研究。

    本书既适合品牌形象研究的学生、学者阅读,也可供城市品牌的建设者与管理者参考。

图书在版编目(CIP)数据

城市品牌形象/萧冰,陈昕雨著.—上海:上海交通大学出版社,2019
ISBN 978-7-313-22607-5

Ⅰ.①城… Ⅱ.①萧…②陈… Ⅲ.①城市管理—品牌战略—研究—中国
Ⅳ.①F299.23

中国版本图书馆 CIP 数据核字(2019)第 272109 号

城市品牌形象
CHENGSHI PINPAI XINGXIANG

著   者:萧 冰,陈昕雨
出版发行:上海交通大学出版社   地   址:上海市番禺路 951 号
邮政编码:200030   电   话:021-64071208
印   制:上海万卷印刷股份有限公司   经   销:全国新华书店
开   本:710mm×1000mm 1/16   印   张:10.75
字   数:166 千字
版   次:2019 年 12 月第 1 版   印   次:2019 年 12 月第 1 次印刷
书   号:ISBN 978-7-313-22607-5
定   价:52.00 元

作者简介

萧冰，就职于上海交通大学设计学院，副教授。中国城市治理研究院研究员，中国设计师协会会员。作品曾获得联合国环境规划署、世界自然基金会（WWF）等主办的第十三届国际环保漫画插画大赛三等奖，"中国国际包装创意大赛"金奖，入选"墨西哥海报大赛""ZGRAF 萨格勒布国际图形设计与视觉传达展""全国美术作品展"等几十个国际国内展览。

陈昕雨，湖南师范大学文学学士，上海交通大学新闻与传播硕士，目前就读于南加州大学马歇尔商学院。

基金项目：上海市哲学社会科学规划课题"基于计划行为理论的上海市民参与垃圾分类与环保行动意愿研究"（课题批准号：2019BXW012）。

前　言

随着全球化进程的加快,世界范围内城市与城市之间的合作变得越来越频繁,与此同时城市间的竞争也逐步加剧。我国各级政府已经充分认识到城市品牌形象在国际合作与竞争中发挥的重要作用,但由于对城市品牌形象的认知起步较晚,认识还不够深入全面,因此虽然已经充分显露出对城市品牌的重视,但在树立城市品牌形象的举措上却仍有很大的进步空间。

当前国际国内已经有不少关于城市品牌方面的著述,在相关理论与实践两方面都积累了丰富的成果。然而多数相关书籍都是站在城市管理者的视角,从管理学、经济学等角度开展研究,却鲜有学者站在城市品牌的目标人群的视角进行研究。对于这些人(城市居民、旅游者、投资者等)来说,他们或许并不了解城市品牌是如何运营的,但是他们通过自己的眼睛去观察,通过自己的脚步去丈量,通过自己的双手去触摸,通过自己的耳朵去聆听,从而建立起对城市品牌的印象。本书主要通过对城市品牌形象感知要素的研究,分析城市品牌标志、地标性建筑、公共空间艺术、城市宣传片等是如何在目标群体心目中建构城市品牌形象的。当然,作为城市品牌形象建构的最终落点,目标人群对城市品牌的感知是至关重要的。

笔者近年来在教授《品牌文化研究与设计》课程的过程中,对城市品牌形象建构形成了粗浅的见解,便想将之形成于文,与广大读者交流分享。笔者所教的研究生课程,学生来自艺术设计、工业设计、建筑设计、景观环艺、新闻传播等不同学科,他们的观点与见解为笔者提供了多元化观察的视角。尤其是许佳倩、曹伊洁、室井文惠、贺靖然、袁紫杉、李博、张凯文、钟兴仪等同学的前期资料搜集、调查研究为本书的完成提供了支持与帮助。

囿于自身学识有限，书中存在的偏颇与谬误之处，还请各位读者不吝批评指正！

萧冰

2019 年 9 月 19 日

目 录

第一章

城市品牌形象概述

第一节　何谓城市品牌形象

一、城市品牌形象定义

人们通过描述、记忆以及其他各种能与新事物产生联系的方法,逐渐形成了一个对新事物的综合看法,这个包含了感受、想法和信念的综合看法就是形象(image)。科特勒认为形象是客观事物反映于主观意识的概念,它可以表现个体的想法、情感及其内在特征。形象这一概念后被广泛应用于各领域的研究,特别是企业品牌管理领域。

品牌形象理论创始人大卫·奥格威指出:"品牌形象是公众和消费者对品牌的整体感知,通过消费者对品牌的评价,存在于公众和消费者的头脑中。"随着商品经济和城市化的发展,城市竞争开始借鉴企业竞争的模式,引入了品牌的概念。1998年,美国教授凯文·莱恩·凯勒的《战略品牌管理》第一次出版,书中他指出"如同产品和人一般,地理位置和某空间区域也可以拥有品牌。城市的存在此时被特定的形象表现着,这些形象融入城市生活,在城市中建立自然的联系,让竞争与生命和这个城市共存"。城市品牌化是城市的系统化工程,除了需要有物质性的名称、表示、口号等,还需要挖掘城市的核心价值和定位,并且整合资源经营和推广城市品牌,最终在人们心中形成对城市相对固定的印象和判断,即城市品牌形象。

城市品牌形象的研究兴起于 20 世纪 90 年代。因为城市品牌化的兴起,国内外学者借鉴大卫·奥格威和凯文·莱恩·凯勒的理论,对城市品牌形象进行了研究和阐释,认为城市品牌形象可以被看作"公众在城市品牌传播过程中逐渐形成的,对城市的整体印象与判断,是城市精神、城市文化等无形因素与城市经济、城市环境、城市建筑等外在信息带给公众的影响的综合体现"。

城市品牌形象通常包含有形的物质内容和无形的精神内容。有形的物质内容主要以可视化的方式呈现,构成一座城市的市容市貌,包括城市标志、城市宣传片、城市地标建筑、城市公共设施设计、公共艺术等;无形的精神内容主要包括城市的文化、精神、价值观等可以被公众感知的特点,如文化特点、气候特点、饮食特点等。这些无形内容难以简单概括,需要亲身感受。

城市品牌形象的塑造是一个协调统一的过程,这个过程主要在于两个方面。一方面是城市品牌自身的定位,另一方面是公众对于城市品牌的感知和认同程度。这两方面需要协同前进,保持一致性,公众需要对城市品牌的定位产生高度的感知和认同,城市品牌形象才最终得以建立。

综上所述,城市品牌形象可以被理解为城市发展过程中,通过优化和整合城市有形和无形资产,形成的相对固定且被公众认可的城市综合印象。城市品牌形象在人们与城市品牌长期接触和互动过程中诞生,并因为人们对城市品牌持久的联想得以强化。

二、城市品牌形象的特征

城市品牌形象最主要的特征是独特性。借鉴市场营销独特的销售主张(unique selling proposition,USP)理论,传播城市品牌形象需要发掘和展示城市特质,从而"为城市积累独一无二的品牌资产,使城市资源具有独特性"。城市品牌形象的作用在于利用城市品牌核心价值把一座城市和另一座城市区别开来,形成区别于竞争城市的独特的卖点,成功的城市品牌形象难以复制和替代,具有辨识度,为城市居民、旅游者、投资者等城市品牌形象消费者提供可持续的附加值。

城市品牌形象是稳定性和发展性的调和。美国学者阿什沃思认为已经形成的城市形象难以再被复制和模仿。由于城市品牌形象的塑造和传播加之公众对城市品牌的认知和接纳都是长期积累的过程,如果城市品牌建立起了良好的形象,便可为城市的发展不断积累无形资产。但城市品牌形象也具有发展性。城市内外环境不断在变化,这意味着城市品牌形象虽然有一定的稳定性,也需要随着新的发展趋势而演进,使之更贴合时代发展的趋势和人类发展的需要。

城市品牌形象是客观性与主观性的统一。客观性指城市品牌形象存在的客观物质载体,主观性指城市品牌形象存在于公众认知中的印象。城市品牌形象的呈现离不开设计过的符号标志和城市景观,需要公众感知、理解和联想。客观存在的城市品牌形象物质载体有可能产生不同的主观反映结果。

城市品牌形象具有复杂性。这种复杂性主要来源于复杂而广泛的城市品牌形象的内外相关利益者。内部相关利益者主要是城市管理者、城市建设者和城市居民,这些内部主体又可以细分为运动爱好者、时尚消费者、文化追求者等。城市品牌形象需要满足内部个性迥异的相关利益者的需求。外部相关利益者包括旅游者、投资者、潜在居民等,城市品牌形象需要吸引外部相关利益者的关注和青睐。由于内外相关利益者的多样性,单一的城市品牌形象不具备影响力,城市品牌形象需要丰富饱满的内涵与表现,这使得城市品牌形象建设成为了一个复杂的系统工程。

三、城市品牌形象概念辨析

城市品牌形象不等同于城市形象。城市品牌形象是一个体系丰富的综合概念。城市品牌作为商业品牌本质的延伸,代表着城市的形象、知名度以及声誉,是城市内外经济、环境和社会变化的综合客观体现。建立城市品牌需要一套与之相配的名称、标识和标语,并找寻各自的核心价值观、定位和卖点。

美国学者凯文·林奇的著作《城市意象》问世,他在书中把城市形象定义为"来自人们对城市的印象和感知,由多个印象叠加而成的公众形象"。城市形象是城市品牌形象的基础,是包含城市外在和内在综合特征的概念。城市形象是城市在长期的生存发展过程中自然积累而成的城市特质,是民众对于城市自发产生的认知和主观感受。

城市品牌形象是对城市形象有目的的筛选、凝练和重新诠释。城市品牌形象突出表现城市形象中最有独特性和吸引力的特质,城市管理者发挥主观能动性,经营和管理城市品牌形象,通过有效的传播方法,指引公众形成特定的对于城市品牌的总体印象和判断。

第二节　城市品牌形象的研究意义与目的

一、研究意义

《品牌评价城市》国家标准起草人常量在 2018 中国城市大会上指出,中国城市发展迈进了品牌时代,城市品牌已经被视为城市竞争力的制高点。进入 21 世纪之后,我国逐渐加大了对城市品牌的关注,城市品牌化意识有了一定的提升,但是实践结果仍然存在着大量问题,特别是对比国际知名城市来说,城市品牌形象建设效果还不明显。我国各省市政府对城市品牌形象的认知水平参差不齐,品牌传播意识匮乏,没有长期规划;许多城市品牌形象定位模糊,"千城一面"现象普遍;品牌形象建设方法老旧,品牌形象缺乏系统的管理体系。这些问题不利于城市品牌形象可持续发展,阻碍了城市品牌影响力的提升。

对研究者来说,城市品牌形象研究内容和角度还不够丰富,城市品牌形象系统的研究框架尚未建立;对城市管理者来说,缺乏一个以提升城市品牌形象为目的的建设和管理指南;对于公众而言,仍然没有深刻意识到城市品牌形象对城市可持续发展的影响力和重要性。

城市品牌形象建设是城市品牌化中至关重要的一环,城市品牌形象直接关系城市的影响力,体现着城市的竞争力。因此建立系统科学的城市品牌形象研究体系以及制定有效的城市品牌形象策略具有理论和现实意义。

二、研究目的

整理和完善城市品牌形象系统学科理论。本书聚焦城市品牌形象,梳理城市品牌形象相关理论研究现状,从应用角度阐述城市品牌形象的实践方法,结合案例研究,尽可能全面、系统地构建城市品牌形象的理论体系,为城市品牌形象学科研究作出贡献。

服务于城市品牌化建设的实践。我国坚持以科学的发展观统筹社会发展全局,城市在推动经济建设的同时,也更注重社会的全面发展。城市的可持续发展是城市发展的主要内容。与此同时,全球化趋势无可阻挡,国际城市间的竞争日益激烈,国际一线城市率先投资城市品牌形象建设,已取得难以撼动的领先地位。城市品牌形象作为城市可持续发展的文化动力因素,同时作为城市竞争软实力的体现,需要城市管理者的重视。城市品牌形象研究有助于更准确完善地提供策略支撑,帮助城市管理者明确城市品牌形象建设的方向和目标。

三、城市品牌的价值

品牌的核心价值是一个品牌承诺并且兑现给消费者的最主要、最具差异性和最具持续性的价值。城市品牌可以具有以下 3 个方面的核心价值:①理性价值;②感性价值;③象征性价值。

(一) 理性价值

理性的城市品牌核心价值着眼于品牌利益,也就是说该城市能够为目标人群带来哪些依托于城市功能属性的利益。比如说一个城市风景宜人,有着优美的海岸线与碧海蓝天,那么它的理性价值就是能带给消费者以放松、休闲的生活方式,可以随时投入大海的怀抱,还可以惬意地在沙滩上晒太阳。人们到达此处,就是为了享受这个城市所能提供的宜人的自然景观与环境。

（二）感性价值

感性的品牌核心价值关注的是品牌关系,着眼于消费者在购买和使用的过程中获得的感受,这种感受为消费者与品牌营造了密切的情感关系。仍旧以上面的海滨城市为例,它的海滩上有两块著名的石头,并且关于它们有一个美丽的传说,传说中一对热恋的男女分别来自有世仇的两个家族,他们的爱情遭到族人的反对,被迫逃到此地跳海殉情,死后化成永远相对的两块巨石。后人在巨石上刻下"天涯""海角"的字样,以纪念二人坚贞的爱情。后来此地成为恋人表明心迹的圣地,这个城市就是三亚。基于这样一个动人的爱情故事,旅游者便会与城市建立情感上的联系,不少人将三亚作为蜜月旅行的目的地。情感性价值是强势城市品牌的代表性特征。

（三）象征性价值

象征性的城市品牌核心价值展现的是城市的个性、气质与精神,使城市获得目标市场的认同,成为目标人群性格、气质、身份等内在品质的外化。例如伦敦,以其丰富的文化生活、蓬勃的生命力与富于创造力的城市精神吸引着世界各地的人们来此旅游、生活、定居。英国作家、诗人塞缪尔·约翰逊如是说,假如你厌倦了伦敦,你就厌倦了人生,伦敦已经不单单是一个可供人们生活、工作、旅游的地方,而是成了富有激情的人生的代名词,它展现的就是城市品牌的象征性价值。

第三节　城市品牌定位

一、什么是城市品牌定位

定位是现代营销理论和实践中极为重要的观念,被称为有史以来对美国营销影响最大的传播学理论。定位理论由美国营销专家艾·里斯和杰克·特劳特于 20 世纪 70 年代提出,认为"定位"是一种观念,它并非是要开发新的产品或增加功能等,它不是改变产品本身,而是要在预期客户的头脑里给产品定位,力图在产品与消费者之间寻找到一个新的匹配模式,使产品在预期客户头脑里占据一个真正有价值的地位。

那么对于城市来说,城市品牌就是要推出的产品,城市的居民、潜在的旅游者与投资者就是预期客户。城市品牌定位就是使城市在预期客户心目中形成鲜明的品牌个性,确保自己的最大竞争优势。通过准确的定位,城市可以优化资源,提升品牌的凝聚力、吸引力与辐射能力。

二、城市品牌定位的方法

城市品牌定位方法分为定量研究法与定性研究法。

(一) 定量研究法

定量研究中最常用的技术方法是因子分析法和模糊综合评价法。因子分析是研究者从以往研究领域中识别提取目标城市顾客所重视的因子,并且通过抽样调查目标顾客,赋予各因子不同权重值,再进行分析。使用因子分析方法需要研究者在收取数据之前就要识别出重要因子,因而带有一定主观性和不确定性。模糊综合评价法中的相关因子的获取来源于城市顾客对类似品牌或期望拥有的品牌的辨别,具有较强的感性判断的特征。同时由于多维尺度分析中的因子都是从已有城市品牌中提炼出来的,因此这种技术方法不适用于调查具备新特征的新品牌。

品牌定位的基础因子主要可以归纳为以下 8 种类型:政治因子、经济因子、人文因子、历史因子、区位因子、环境因子、制度因子以及潜力因子。

(二) 定性研究法

1. STP 战略

STP 战略是由美国营销学者菲利浦·科特勒在他的著作《营销管理》中提出的。市场定位分为 3 个步骤:①S——市场细分(segmenting),按照购买者所需要的产品或营销组合,将一个市场划分为若干不同的购买群体并描述他们的特征;

②T——选择目标市场(targeting),选取一个或多个细分市场作为自己的目标市场;③P——具体定位(positioning),在市场上传播该产品的关键特征与利益,在消费者头脑中留下深刻的印象。

2. SWOT 分析法

SWOT 分析法是战略管理中常用的管理决策方法,对城市内部存在的优势(strength)、劣势(weakness),以及外部面临的机会(opportunity)和威胁(threat),通过调查列举出来形成矩阵排列,进行综合分析并最终得到城市的恰当定位。

3. 分层定位模型与三角定位模型

分层定位模型由华中科技大学杜兰英等提出,此模型把城市品牌与资源之间的关系整理后归纳为 3 个层次,最核心的是城市品牌定位,最外圈是分散的品牌资源,中间层为归纳后较为集中的几大资源分类。在对资源分类进行抽象、归纳、提炼等分析之后得出最终的城市品牌定位(见图 1-1)。但是,由于这种模型忽视了目标群体对城市的要求,以及对竞争城市发展战略的分析,因此杜兰英、石永东又发展出三角定位模型,此模型以城市总体发展目标为前提,以优势资源为基础,以目标群体的需求为导向,并且兼顾了竞争对手的发展战略(见图 1-2)。

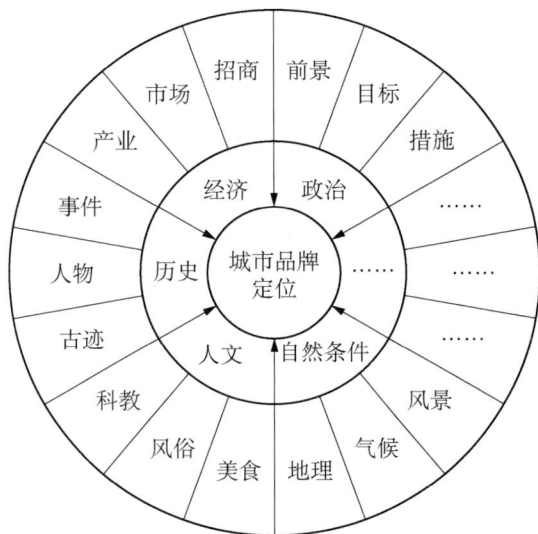

图 1-1 分层定位模型

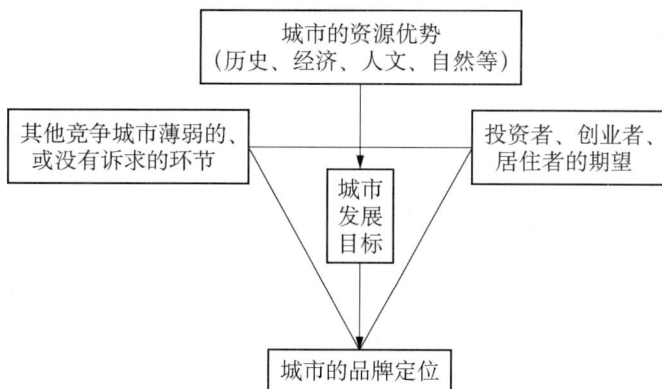

图 1-2　三角定位模型

第四节　城市品牌形象的构成要素

城市品牌形象是包含城市内外特征的综合概念,构成城市品牌形象的要素是丰富多元的。学界参考企业形象识别系统(corporate identity system,CIS),从 3 个方面研究城市品牌形象的构成要素。

一、从城市精神、文化和历史积淀出发构建城市理念识别系统

城市理念识别系统是城市品牌形象的核心。城市精神是城市品牌形象的根基,城市文化是城市品牌形象的灵魂,城市历史是城市品牌形象的源头。强有力的城市品牌形象需要挖掘城市精神,整合文化资源,传承城市历史。有学者提出了城市品牌形象的人文识别(humanity identity,HI),包含城市历史、文化、风俗、民族等历史性的人文遗产和当代城市人的现实生活共同构筑成了可视化的人文形象体(如北京故宫)和人文意识形态传达体(如"天人合一"的人文哲学思想)。

二、从政府、公民和企业形象以及城市活动出发构建城市品牌行为识别系统

城市品牌行为识别系统是品牌形象的具体表现。城市中的个人、组织和政府都是城市品牌形象的代言人,居民的生活方式、组织或企业的形象、政府部门的执政风格都与城市品牌形象息息相关。行为识别系统对城市品牌形象的影响可以分为隐性和显性两个类型。

从整合营销传播的角度研究城市品牌相关的节事活动是学界较为流行的方向。节事活动是显性的行为识别,是城市品牌形象营销传播的策略和手段之一,随着城市品牌宣传意识的提高,许多城市致力于打造以受众为中心的城市营销活动和事件,力求提升城市品牌形象的知名度、美誉度和竞争力。

除此之外,城市居民的生活方式虽然不是从打造城市品牌的角度出发,但对城市品牌形象的建构也有巨大作用,属于隐性的行为识别。尤其是当一个城市的居民能够自觉执行高于其他国家/城市的文明、环保行为,并形成口碑时,这种提升城市品牌形象的作用更加明显。如大连市民注重公共环境卫生,日本居民遵守着非常严格的垃圾分类标准,新加坡人执行着严格的法律法规,这些都会成为一个城市乃至国家亮眼的名片。2019 年起,上海、北京率先实施垃圾分类,这些除了对城市环境带来实质性的好处之外,还将有益于城市品牌形象的塑造。

三、从符号学入手建构城市品牌视觉识别系统

城市品牌视觉识别系统具有易辨识、易记忆和易传播等特点。视觉识别(visual identity)是最具独特性、差异性的视觉语言,可保证信息的整体规划和传播,达到城市形象识别并产生深刻记忆的目的。城市视觉符号是城市品牌形象的载体,广义上的城市视觉符号包括城市中所有可被视觉感官捕捉的二维和三维物象符号,例如城市标志、色彩、公共设施和公共空间艺术等。狭义上的城市视觉符号指视觉传达意义上的城市视觉符号,例如城市标志、城市地标建筑、城市景观等。

城市视觉符号是城市品牌形象识别系统的基础,含义丰富的城市品牌形象通过设计过的视觉符号得以有序的传达(见图1-3)。

图1-3 德国城市海尔布隆的视觉识别

第五节 城市品牌的节点

一、什么是城市品牌的节点

城市品牌与外界通过无数城市品牌的节点相联系,这些节点是城市与其他城市竞争的要素与资本,也是城市之所以能塑造某一城市品牌的根基所在。城市品牌的节点即是上文中提到的城市品牌的实质性内容的具体表现形式,是文化方式、娱乐机会、建筑形式等每一项城市所能提供的内容所给出的具体活动或具体某一建筑等。城市想要具有强大的竞争力,必须有这些增强其品牌的节点。这些节点就是其竞争的资产清单。例如西安作为历史名城,有"世界第八大奇迹"之称的兵马俑,有杨贵妃和唐玄宗谱写爱情诗章的华清宫,有颇具历史气息的明城墙,还有颇具神秘色彩的秦始皇陵;上海作为时尚之都,有维秘秀、米兰展、梵高展等时尚设计气息浓厚的活动,同时还有K11、新天地、当代艺术博物馆、梅赛德斯奔驰文化中心等这些可以提供时尚设计活动的国际一流的颇具设计感的活动举办场所;巴黎作为时尚浪漫之都,欧莱雅和香奈儿是巴黎强烈的难以抹去的时尚与浪漫的标签。

城市品牌的节点是城市竞争力的根本体现,是城市想要塑造城市品牌并在这一品牌中保有竞争力时永远也避不开的问题。城市品牌的节点就像是建造一个建筑的每一块砖瓦,砖瓦的累积形成了一个个建筑,城市品牌的节点正是组成城市品牌竞争力的每一块砖瓦。而像一些城市口号、城市品牌营销,只是城市品牌这个摩天大厦的外墙装饰而已。衡量一个城市品牌的核心竞争力,尤其是商业上的城市品牌的竞争力,需要通过这个品牌所拥有的节点即资产清单的多少以及其节点的规模大小及影响力来衡量。可以说,对城市品牌节点的综合整体的评估是衡量城市竞争力首先要解决的问题。

二、城市品牌的节点与竞争力之间的关系

(一)城市品牌资产清单与城市影响力

资产清单的增多必然会提升城市在这一品牌领域的影响力,而城市的综合影响力则是由多个城市品牌目标所构成的城市品牌网,这些品牌之间可以相互关联、相互支撑。然而,城市品牌的资产清单只能成为城市影响力的一部分,因为城市影响力很多时候都与城市营销以及媒体的传播分不开的。因此想要提升城市影响力的先决条件是累积城市的资产清单,然而后续对这些资产清单的宣传也起着尤为重要的作用。

(二)城市品牌资产清单与城市商业竞争力

虽然影响城市品牌的因素众多,很多是依靠媒体传播和商业营销,然而城市想要打造某一城市品牌,是否具有这一品牌的资产清单,才是城市的核心竞争力。城市想要成立一个品牌容易,但是城市若想要在这一品牌中保有持续的强大的竞争力,则必须依靠这些资产清单。对于城市的商业竞争力来说,必然要看到这些资产清单背后所带来的商业利益。例如,有些城市的资产清单中的内容可以提升城市在世界中的影响力,形成城市的规模,但却不能给城市带来巨大的商业上的拉动作用。因此,现代城市想要成为有鲜明品牌的商业都会,拉动商业,带来经济效益的

资产清单是必不可少的。

三、不同品牌目标城市与其节点分析

每一个城市选择自己的位置与使命,选择想要实现的、让外界认知与认同的自己的品牌,就是城市想要实现的品牌目标。城市的品牌目标不是单一的,同一城市可以有很多个想要实现的品牌目标。另外,不同的城市可能拥有相同的品牌目标。

城市想要达到其城市品牌目标或者形成一定的城市品牌,必定会有其支撑这一城市品牌的诸多节点,那么不同品牌的城市对应的节点有什么不同,相同城市品牌的不同城市所对应的节点又有什么独特之处? 城市品牌与城市的节点,城市的资产之间又有怎样的对应关系? 同一城市不同的城市品牌目标之间又有怎样的联系? 为了解答这些疑惑,精心选取了世界上著名的 3 个商业都会——伦敦、纽约、北京来举例比较。

1. 伦敦的城市品牌与城市节点

伦敦是世界上著名的政治金融中心,伦敦作为首都,最强烈的城市品牌当之无愧的是那些数不胜数的大型活动,这些大型活动同时具有宣传属性,因此,成为伦敦强有力的城市品牌。伦敦举办大型活动是不遗余力的,层出不穷的大型活动使得伦敦城市品牌的传播成为有源之水。伦敦几乎每个月都会举办一次大型活动,有很多都是惯例性、成功的节日活动。例如摄政街的点灯仪式、每年八月的狂欢节、皇家庆典等。这些都是伦敦品牌强有力的节点。这些活动每年不仅吸引大量的游客,还随着电视的转播使数亿的观众了解伦敦,了解伦敦的城市品牌。同时也使城市品牌的最终受众——伦敦的内部居民有着强大的城市自豪感。

2. 纽约的城市品牌与城市节点

纽约是美国的第一大城市及第一大港,被世人认为是全球最繁华的"世界之都",拥有"不夜城"的美誉。这一印象标签牢牢锁定了纽约这座城市的品牌形象。纽约关于这一城市品牌也有许多独一无二的资产清单,如华尔街、百老汇、时代广场、格林威治村、唐人街、大都会博物馆和林肯艺术中心等,这些纽约的资产清单还在陆续增加中。

3．北京的城市品牌与城市节点

北京发展至今有许多城市标签，在 20 世纪 80 年代以来，北京已经当之无愧发展成为一座现代化的大城市。但是，即使北京在 2008 年确立了国际赛事组织者的身份后，也没有像伦敦那样，形成以大型活动而著名的城市品牌。北京在国际上的城市品牌并没有发生实质性的变化。北京仍被视为世界上最重要的拥有历史遗产的首都之一。这是因为在北京所要塑造的城市品牌中，历史名城仍是拥有最多节点的品牌，这些节点组成了强大的资产清单。故宫、八达岭长城、颐和园等这些甚至是世界上颇为重要的历史遗产，因此这些历史古迹才是北京独一无二的资产，其独特性是北京以外的其他城市品牌以及其品牌的节点所无法比拟的，强力地将北京的历史名城这一城市品牌推向全世界。

城市品牌的节点——资产清单的积累方式有很多方法，然而，在积累的过程中，也需要考虑分寸与适度，不能任其肆意疯长。积累的方法与注意的问题如下：①避免某一城市品牌资产清单的单一化塑造，要使其资产清单尽量立体化；②厘清城市品牌和城市旅游品牌的区别，城市旅游品牌确实会对城市的商业发展有很大的影响与促进，但是未必每个城市都可以发展成为旅游城市，发展成为足以支撑整个城市的资产清单；③城市品牌的资产清单上，不可以全部依赖于短期效应，评价每一个节点的好坏，更要看其对于城市品牌塑造方面的深远影响；④发展资产清单的同时注重品牌的推广，这些推广不仅仅是针对外部的，同时还要进行内部的推广，这也是与城市品牌最后的受众——城市的居民沟通的过程。

第二章

城市品牌形象研究现状及评述

第一节　城市品牌相关理论研究综述

　　城市竞争促生了城市品牌这一研究领域的兴起和发展,城市文化品牌影响力也已成为评价城市发展的重要标准之一,同时城市品牌逐渐成为城市综合竞争力的重要组成部分。学界普遍认为城市品牌的概念源自杜克大学教授凯文·莱恩·凯勒的《战略品牌管理》,他认为"如同产品和人一样,地理位置也可以品牌化。城市品牌化的力量使人们了解某一区域,并将某种形象和联想与这个城市的存在自然联系在一起,将自己融入城市生活中,让竞争与生命和这个城市共存"。城市品牌与城市竞争相辅相成,城市竞争促生了城市品牌这一研究领域的兴起和发展;城市品牌能在一定程度上彰显出一座城市的综合竞争力,而城市品牌影响力已被作为评价城市发展的重要标准之一。

　　自城市品牌概念诞生以来,城市品牌研究受到了学界越来越多的关注。由于中外学者各式各样的学术背景为城市品牌理论研究带来了丰富的视角,因此城市品牌相关理论的研究内容十分广泛,研究体系也在日益扩展,主要可以分为 6 个方向。

一、城市品牌内部研究

城市里所有的个人、产品、服务、组织(如高校、企业、政府等)、文化、产业(如旅游、石油、工业等)、地理环境、典故事迹等都可以进行品牌建设和管理,这些品牌共同组成了一个城市的内部品牌。城市内部品牌可以理解为"城市名片",代表和展现着城市的身份和定位,并且对城市品牌塑造具有很强的带动效应。内部品牌知名度的提升,可以大幅度提高城市本身的知名度。

张鸿雁认为城市内部的文化资本运作是城市品牌对外营销最关键的着力点。城市中的文化精英和文化名人(如艺术家和知名学者),城市中的文化与学术流派(如芝加哥学派)和垄断性文化资源(如南京中山陵这样的历史文化古迹和剑桥大学这样的文化人集聚地)都是城市内部可以开发和利用的文化资源。城市文化是城市品牌的核心竞争力,提高城市文化影响力,可以直接推动城市品牌的发展。

黄景清通过梳理中国众多城市的品牌形成过程,阐述了单个城市品牌在城市总体品牌构建中发挥的作用,例如"吃在广州"和"购在上海"这样的品牌形象就是发挥城市内部的强势品牌效力,通过营销,最终提升总体城市品牌知名度和效益的表现。

由于城市品牌内部品牌资源众多,时常面临定位困难,杜青龙将城市品牌进行了分层次讨论。核心品牌最有影响力,可以带动次核心品牌和要素品牌的发展,次核心品牌和要素品牌对核心品牌提供支撑作用。

张燚等探讨了城市内部品牌驱动机制,浅析了城市内部品牌的带动效应。具体表现如下:内部品牌知名度的提升可以增加城市品牌的知名度;消费者在对城市内部品牌的消费体验中产生对城市品牌的联想和记忆。

二、城市品牌受众研究

城市品牌的形成离不开城市内外形形色色的目标受众的影响。任何城市品牌都针对多样化的受众,诸如旅游者、运动爱好者、时尚消费者,以及现有和未来的潜在居民。城市品牌理论研究观强调城市品牌发展的推动者和受益人都是广泛的城市品牌受众，包括城市内外相关利益者。城市内部利益相关者主要有城市居民、求学者、工作者、移民和投资者等，城市外部利益相关者主要包括旅游者、潜在消费者和城市品牌竞争者等。城市受众的直接感受和反馈体现着城市品牌的影响力，城市受众的满意度是城市品牌发展的核心目标。

城市品牌受众理念贯穿于城市品牌诞生、运营和价值实现的全过程。

姜海等从城市品牌诞生的角度，阐述了城市品牌是如何由 3 个部分结合形成的。这 3 个部分分别是城市内的物质性资源，品牌受众的内心世界和精神需要，以及品牌受众对品牌的感知和识别。城市品牌的塑造过程是城市的物质内容与市民和观众的心理内容相融合，在特定的传播机制中被认知的过程。城市品牌是以城市受众为核心的，所以城市品牌不仅仅是一种符号和象征，还是对受众需求的综合反映和体现。城市品牌价值的实现就是通过城市生活和体验来满足城市受众的精神需要。

周呈思从城市品牌发展和运营的角度出发，分析阐述了受众认知结构和认知过程在城市品牌沟通中的重要作用。受众认知过程中的感性因素和理性因素从人本分析、创意表现、环境营造和品牌管理 4 个方面影响着城市品牌的沟通效果，而城市品牌的沟通效果一直是城市品牌运营的核心议题。

张鸿雁从城市品牌建构的目的出发，阐述了城市社会整体满意系统的概念，包括城市市民满意、游客满意、投资者满意等的主体满意度，也包括城市品牌经营状态带来的视觉、行为规范、运营机制和未来期待等方面的行为满意度。市民个体的多样选择宽度和社会整体民主程度也从一定程度上影响着社会整体满意系统。城市品牌战略的目的就是提升城市社会整体满意度，为城市受众创造满意的生活方式，推动社会可持续和谐发展。

三、城市品牌营销学研究

城市品牌营销理论于 20 世纪 90 年代初成为美国城市品牌研究的主流研究视角之一。《营销地方》中科特勒将城市营销视为城市发展新战略，较为全面地论证了利用战略性地区营销规划可以成功吸引目标市场。在此之前,城市营销活动已经在欧美国家陆续开展,主要有通过广告海报和手册宣传城市旅游地,利用优惠税收吸引投资者等活动,政府开始自觉地向目标受众传达和展示公共信息和城市品牌形象。随着全球经济发展和城市品牌概念的提出,研究者开始将企业管理的概念引入城市管理中,将地方视为企业,将地方资源视为产品,并指出城市品牌的塑造是针对目标市场进行一系列的营销活动。

阿什沃思和沃德站在城市管理者的角度上,从 3 个阶段较为详细地阐述了"营销城市"的过程。第一阶段是市场分析,通过市场审核、市场细分和竞争潜力分析城市内外部资源环境,为产品推销策划奠定基础;第二阶段是市场产品设计,城市的一切物质实体以及城市服务、设施和属性都是城市产品,而城市产品的核心价值是城市形象,所以城市形象的设计是城市营销的关键问题;第三阶段是产品推广,在对城市产品和受众目标的了解上,城市管理者利用合适的手段进行城市产品营销推广。

科特勒作为城市营销理论研究的重大贡献者,发表了一系列文章和著作系统地阐述了城市营销理论的概念和战略。科特勒不仅站在管理者的角度,同时也研究目标受众的需求和行为。科特勒等学者借鉴市场营销理念,结合营销实践,提出了城市营销是满足特定目标和群体的需求,对目标受众提供一系列服务,并在目标受众意愿的基础上进行城市规划的过程。

而在西方近十年来出版的书籍和发表的研究论文中,许多学者对比研究城市品牌与企业品牌,他们认为两者在复杂性和广泛的利益相关者方面有很多相似之处。这种复杂性主要来自形形色色的目标受众。

20 世纪初,国内学者也展开了对城市营销理论的研究。杨开忠教授以市场需求导向和市场竞争驱动力为原则,对城市营销进行了较为系统和全面的理论研究,通过实证分析,提出了城市形象评价体系和度量指标,针对不同开发等级的城市产品提出了营销策略。左仁淑等认为,城市营销就是以充分发挥城市知名度和美誉度为目的,从而满足政府、企业和公众需求的社会管理活动和过程的总称。

刘彦平从量化角度丰富城市营销理论,提出城市营销指数(city marketing index,CMI)的概念,用于评估城市营销发展状况和绩效。城市营销指数包括品牌吸引力、品牌关注度、品牌独特性、文化包容性和品牌专业性 5 个城市品牌指数;社会资本、推广资本、网络营销和沟通互动 4 个营销推广指数;公开透明、服务响应、治理效能、社会公平 4 个营销治理指数;投资促进效益、旅游营销效益和城市关注度变化 3 个营销效益指数。

张兴明从城市营销等主客体关系着手,探索全方位城市营销策略。不同于企业在企业营销中充当唯一主体,城市全方位营销具有多元的营销主体,包括核心主体政府,以及集主客体为一身的内外部公众。主客体共同在关系营销、整合营销、内部营销和绩效营销 4 个方面协调合作,才能全面提升城市营销水平。

四、城市品牌形象研究

受企业形象设计的影响,城市品牌形象逐渐被引入到城市品牌建构的过程中,城市品牌形象理论研究者普遍认为每个城市都有其独特的品牌形象,代表着该城市的历史特色、传统特色、地域特色、文化特色等。

城市品牌形象理论研究主要有 3 个方面:

一是借鉴社会学和心理学认知理论,研究城市品牌形象的起源和内涵。伯吉斯是较早研究城市形象起源的学者,他认为城市形象是由一个地区的评价、个人信仰和理念构成的。张宏认为城市形象是城市给予人们的综合印象,即城市这一客观事物在人们头脑中的反映。城市形象实质上是城市和人们之间形成的一种心理关系,具体表现为人们对城市综合实力、外显活力和未来发展前景的总体看法和评估。张鸿雁关注城市中各群体的行为,将城市形象系统归纳为城市形象理念系统、城市行为系统和城市视觉系统。

二是借鉴经济学和市场营销理论,探讨挖掘城市品牌形象资源的策略。学者认为利用得当的营销手段塑造出成功的城市品牌形象可以直接提升城市品牌的知名度、美誉度,且城市品牌形象可以反映城市文化精神内涵,满足目标受众的精神需求。钱志鸿参考了发达国家基于城市形象的城市发展策略,提出城市是可以营销的特殊商品,可以通过广告活动、营销事件以及永久景观展示等方法塑造内涵丰富的城市形象,以此吸引投资入驻、产业集聚、优质居民移居、旅游消费,从而振兴城市经济。陈心婷根据访谈研究结果归纳了城市品牌形象的3种类型,分别是功能性形象(城市的外在建设与景观)、象征性形象(城市文化、生活方式、语言结构、社会秩序、市民等抽象的形象内涵)和经验性形象(城市消费者对城市的主观感受体验)。围绕这3类品牌形象,城市营销可以从3个方面着手,第一是建立特色城市品牌;第二是改善城市基础设施,提升城市服务,提高环境质量;第三是确立城市品牌形象地位,推动城市品牌永续发展。

三是结合建筑设计和景观规划理论与实践成果,研究城市品牌形象的设计理念和策略。这类研究主要关注城市品牌形象的视觉识别系统,包括城市标志设计、城市色彩设计、城市标志性建筑、城市景观、城市公共空间艺术等视觉传达效果。城市视觉形象设计和城市品牌形象内涵具有相互促进的作用,城市品牌形象内涵通过视觉化的外在表现得以体现,视觉设计的好坏直接影响城市品牌形象内涵是否被目标受众理解和认同。刘仁认为品牌形象定位下的城市标志设计可以分为理念型、人文型、特色型和战略型,成功的城市形象设计可以强调城市的核心竞争力,凸显城市的竞争优势。付博文认为城市品牌形象设计应与地域文化相结合,才能便于城市形象在传统媒介、现实空间和新媒介方面的宣传,从而增强受众对城市形象的认同感和归属感,更好地展现城市品牌的独特性。为达到这一目标,可以采用6种视觉设计表现方法:归纳提取法、图像表现法、元素重组法、元素叠加法、图文结合法和概括抽象法。

五、城市品牌文化研究

城市品牌形象是一种对城市文化的传承、创造和发展。城市文化源于城市的历史传统、生活习俗、人文景观、居民价值取向以及现代化发展带来的审美创新等。城市发展的历史实质上就是文化发展的历程,所以城市品牌的塑造需要从城市文化中提取精神内核,加以现代化的表达,向受众传递独特的文化信号。

近年来西方研究成果中十分值得关注的是创意城市(creative city)概念的提出,佛罗里达认为吸引创意阶层(包括科学家、建筑师、作家、艺术家以及其他创造新理念、技术和内容的人士)成为城市居民,有利于刺激当地经济的发展。由此,部分学者认为,在打造城市品牌的过程中,生机勃勃的文化生活是吸引创意阶层的一个先决条件,在这一方面,一些城市已经开始致力于推动文化生活的发展。

国内许多学者通过对文化的理解和阐述来分析城市形象的建构过程。颜如春认为城市品牌塑造离不开"文化思考"和"文化规划",塑造城市形象需要突出文化特色,充分认识城市的"个性"和文化特色的巨大价值。从意识形态和文化发展的高度来思考城市形象问题是城市品牌营销的前提。周烨剖析城市文化建设理论,通过对加拿大温哥华城市品牌建设的实地考察和分析,提出了由"小齿轮"文化空间集群和"大齿轮"媒介传播协同驱动的文化动力机制——齿轮效应。周烨将品牌文化建设比喻为"小汽车","小齿轮"文化空间集群内的各种组织——政府、企业、非营利组织、艺术文化工作者共同生产文化产品形成了文化建设的内在动力,在这一过程中,各组织对文化产品也进行着品牌化的运营,通过"大齿轮"城市文化活动和产品全媒体营销传播、提供文化产品体验等,传播城市文化,带来一系列传播效果:受众参与、文化活力提升、文化产品质量提升、吸引更多受众关注和认知,最终使大小齿轮相互促进、持久发展。一旦城市地方文化属性形成,城市品牌定性,"大齿轮"媒介传播更能成倍的发挥效用,带动城市文化空间集群的迅速发展。在城市文化动力机制中,内在文化动力是首要条件,城市文化发展必须先形成文化属性,才能利用传播媒介发挥文化影响。如果试图用传播媒介来带动文化空间集群的内在动力,则不仅文化建设无法发展,还会引发一系列的问题。

很多艺术学界的研究者意识到塑造富有地域特色和文化意蕴的视觉文化品牌离不开公共艺术的运用。陈高明认为"公共艺术自介入城市建设以来,不仅仅是美化环境的工具,更是形成身份认同感、归属感,塑造城市视觉文化品牌,为城市带来社会效益和经济利益的必要手段和策略"。吴萍从城市文化与公共空间艺术关系的角度,阐述了现代城市公共艺术空间的拓展如何塑造具有生命力的城市品牌。

六、城市品牌竞争研究

城市品牌是一个复杂的系统概念,一个城市品牌的背后包含着对经济、环境、社会等诸多因素的统筹规划。城市品牌是城市核心竞争力的集中体现,相应地,提升和稳定城市的吸引竞争力是城市品牌建设的目标。

张波等认为城市品牌的差异性在于城市的独特资源在城市发展进程中生成的特殊识别效应,体现了城市特有的竞争力,基本表现为知名度、美誉度和忠诚度。赵海鹏也提出城市品牌是城市具有的一种不可替代的个性和特色,城市品牌定位的精准度直接影响了品牌功能的执行,如向消费者传递的信息,并最终影响品牌的溢价。

倪鹏飞提出,"城市竞争力"是一个城市与其他城市相比较,更有效率地创造财富,为居民提供更多福利的能力。他曾将城市竞争力总结为硬性竞争力与软性竞争力之和。其中硬性竞争力包括了人才、资本、科技、结构、基础设施、区位、环境、聚集力等;软性竞争力包括秩序、文化、制度、管理、开放程度等方面。

城市可持续竞争力,即城市未来的长期竞争力,是评价城市品牌竞争力的另一个方法。从长远来看,具备可持续竞争力的城市的发展效率更高,能够更加持续地创造作为城市的价值。倪鹏飞等基于《中华人民共和国可持续发展国家报告》(2012年)总结出了能反映城市可持续竞争力的更加完善可靠的六大分项的主体特征,分为一级指标、二级指标和具体要素3个层次。该指标体系相比于普通的城市竞争力评价维度更加强调了城市创新能力、和谐包容能力、生态宜居环境、文化多元环境、全域协同能力、对外联络能力等构成的综合竞争力。

第二节　城市品牌形象传播相关理论研究

一、城市品牌形象传播学理论

城市品牌形象的传播和任何传播活动一样,是传播者与目标受众沟通,使目标受众对传播内容形成价值认同的活动。美国传播学先驱拉斯韦尔提出了著名的"5W"传播模式,包括 who(谁)、says what(说了什么)、in which channel(通过什么渠道)、to whom(向谁说)、with what effect(取得了什么效果)。以此理论为依据,城市品牌形象传播活动主要涉及传播主体、传播内容、传播媒介、传播受众、传播效果 5 个方面的内容。城市品牌形象的传播表现为"以城市价值观为表现内容的城市品牌形象的建立、认知、与受众沟通过程,用传播手段使品牌传播形象最大化"。城市品牌形象传播的核心任务是"建立体现城市独特核心价值的城市品牌传播形象,在目标受众与城市品牌的沟通中,产生品牌认知和认同"。曹金焰认为城市品牌传播需要达到两个目标:一是品牌传播形象的最大化,即通过策划品牌形式赋予品牌形象有新意的价值点和新体验的联想;二是认同范围的最大化,即使用媒介公关策略,利用公众基础扩大受众的数量,加深对受众的影响力。

城市品牌形象的传播主体是一个复杂的群体。美国西北大学教授科特勒归纳整理了 3 类城市主要行为者,包括当地行为者、区域行为者和国际行为者。中南大学周文辉教授将科特勒的研究和中国实际国情相结合,划分出四大类城市品牌形象传播主体,包括政府机关、公共机构、企业和个人。

城市品牌形象传播的内容来自城市中客观存在的事物,包括城市自然环境、人文景观、文化传承、特色饮食、民俗风情、优势产业等。所以有学者认为城市品牌传播内容就是"品牌实体与其他要素的整合,是利用新的组合方式创造出新的价值点,是城市核心价值的延续与创新"。

城市品牌形象的传播内容需要被受众所感知,所以一个可以与受众沟通的媒介就显得极为重要,完成传播内容的构建离不开这一媒介。主要的传播媒介包括报纸、电视和网络媒体,除此之外,人们对于户外媒体的关注也越来越多。户外媒体主要有两类:一是首要印象区,包括主要交通区域内的各类交通枢纽和旅游景点等;二是光环效应区,指能加深游客印象的区域,例如中心商务区、休闲娱乐区等。

城市品牌形象传播应针对目标受众展开。胡梅从市场营销学视角出发,认为城市品牌传播的目标受众就是城市顾客,城市顾客包括以居民为代表的内部利益相关者和以游客、投资者为代表的外部相关利益者。

由于城市品牌形象的差异性和复杂性,目前学界针对城市品牌形象传播效果的定量评估体系还不够完善。西方学者普遍从传播影响广度、深度和向度 3 个维度对城市品牌传播效果进行公众调查。广度主要是指目标受众的数量,体现出品牌传播的覆盖面、品牌的传播效率;深度指"传播活动对目标受众的渗透能力",学者主要将这一指标细分为"知晓、认知、偏好、忠诚和行为",这一维度体现着接受城市品牌形象信息的受众对城市品牌形象从认知到行为转变的效率;向度指传播活动结束后,目标受众"正向评价程度的变化情况"。除此之外,实际测量和评估中还会引入目标受众对城市品牌形象推广过程中所采用的传播策略和评价手段。上海交通大学舆情研究实验室社会调查中心 2015 年发布了《中国品牌认知调查报告》,邀请全国 36 个城市的 3 600 名受访者对城市形象进行总体评价,从 6 个维度(经济形象、政府形象、文化形象、居民形象、生态形象、城市形象推广)考量城市居民对居住地城市和其他各个城市的综合感知情况。

任玲以"5W"模式理论为基础,将城市品牌传播要素的表现形式进行细分组合,综合城市资源以及城市管理者对城市发展的预期定位,选取了传播主客体要素、经济要素、环境要素、文化要素、媒介形象要素、媒介活动要素作为指标构建体系。曹金焰提出传播目标不同,评估城市品牌传播效果的方法也不尽相同。传播活动前期,需要评估城市品牌影响力现状。可以通过小范围测试的方法,测试三部分内容:一是品牌实体的市场反应;二是目标受众群的组成;三是接触或购买的难易程度。同时还需要根据情况制订合适的评估方法,在传播活动进行中和传播活动结束后分别进行评估。由于数字化网络媒体的蓬勃发展,网络口碑的监测与评估是当前较为时兴的手段。网络口碑监测是指"对于某项大众传播活动所引发的社会影响,通过对网络上形成的舆论状况进行监测和评估"。这种方式主要通过对社会化媒体,包括网络媒体、相关论坛、微博微信等进行监测,将这些传播平台上呈现的与城市品牌相关的信息进行抓取、编码和分析,并通过量化的形式进行分析和展示。

国内外城市品牌研究积累了一定成就,且形成了较为完善的理论研究体系。研究主要涉及城市品牌定位,城市品牌传播与营销,城市品牌的文化经济价值等各方面。国内外已经开展的城市品牌形象研究主要从传播过程中的各个要素入手,结合传播学与市场营销学,对城市品牌形象传播的定位、传播内容、传播过程、传播路径和传播效果进行分析与论述,论证了城市品牌传播效果对城市品牌竞争力的影响。但目前的研究仍然存在理论框架不完善,数据分析与实证研究少,研究角度不够丰富等问题,因此,城市品牌相关研究还有很大的研究空间。

二、城市品牌建构和传播的影响因素

城市品牌竞争不是数字和指标的竞赛,城市居民的认知和评价才是城市品牌的意义所在。城市形象是一个内涵丰富的综合性概念,它展现着城市的多重样貌,不同的人对城市也会产生不同的认知和感受。通过整理和研究国内外相关研究理论结果,本书参考国内外学者对城市品牌建构的实证分析,将新媒体公共艺术对城市品牌建构和传播的影响因素总结为 3 个方面:城市品牌认知、城市品牌理解和城市品牌行为,进而提出影响因素的研究假设。

城市品牌认知:在顾客与城市进行互动的初始阶段,城市基本功能能够直接让顾客对城市品牌产生认识,当顾客与城市的互动进一步深入,除了满足其基本的功能需求之外,顾客更加依赖于城市所展示的个性和特质,通过这些个性和特质来展示他们的自我定义。新媒体公共艺术与城市品牌的宣传口号、标语、标志同属城市品牌的视觉形象的重要组成部分,新媒体公共艺术给城市顾客带来最直接的观感,形成城市品牌的初步印象。城市形象承载着城市品牌的定位、特色和文化,这些都可以通过感官体验转化为城市顾客对特定城市品牌区别于其他城市的感知。

城市品牌理解:在更充分、深入地认识城市后,城市顾客会在自己的头脑中形成不同的城市印象与城市联想,然后在这些印象和联想中,选择那些能够符合自己价值认同、角色定义以及情感归属的城市,在这种选择中,顾客会形成对城市品牌个性和特质的理解,进而影响顾客的城市品牌感知。本书探究新媒体公共艺术的发展是否让城市顾客对城市生活环境、经济实力、政治发展、旅游资源、文化传统、文化服务和整体规划的认知产生影响,是否促进城市顾客对城市品牌形象、个性、精神、内涵、底蕴以及价值的理解。

城市品牌行为:感官营销(sensory marketing)是将消费者的 5 种感官体验融入其中并影响消费者感知、判断和行为的营销活动,感官营销的丰富体验是塑造消费者行为的"无意识触发器"(unconscious triggers)。感官营销的前提是消费者的感官体验能有效影响其认知,这一规律近年来已经由具身认知理论(embodied cognition theory)所证实。人的身体状态和对物理世界的感官影响个体的认知、态度、情绪和社会判断。本书将探索新媒体公共艺术是否能够通过提供这种感官体验，使城市品牌与公众的心理期待产生共鸣。本书选取城市品牌好感、情感共鸣、认同、满意度、舒适度、愉悦性、旅游或定居意愿、向朋友推荐意愿等因素，分析城市公共艺术对城市品牌建构和传播的影响。

第三节　城市品牌形象传播策略

契合城市发展现状的城市品牌形象传播策略是品牌可持续发展的重要前提，其理论建立在品牌传播学、认知学和营销学的基础上。不同于商业组织，城市品牌传播涉及面广、传播主体复杂，且主体特征差异巨大，因此城市品牌管理者对于城市品牌传播策略的选择和考量需要兼顾传播深度和广度，平衡全局性和个性化。城市通常需要组合不同的品牌形象传播策略，通过整合营销传播达到理想的效果。基于品牌形象传播理论和中国城市品牌发展方向，本书梳理了3类常见的城市品牌形象传播策略。

一、城市品牌形象传播内容整合

整合城市品牌形象传播内容即是整合受众认知需求、整合城市品牌形象载体和整合品牌传播行为主体的综合性活动。

（一）整合受众认知需求

受众是制定城市品牌形象传播策略的起点。城市品牌形象传播面对的受众类型广泛，但受众的认知变化有相似的规律，受众认知的需求指引着城市对传播策略的选择。

曹金焰在理解受众认知规律的基础上，提出了品牌内容传播需要遵循接近、简易、可读、创新和对方优先的原则。品牌传播需要依据受众日常生活经验，提炼符合受众认知习惯和模式的传播内容，采用易于受众理解的文字和音画信息，从心理上逐渐接近受众；城市品牌形象内容输出需要简洁易记忆，且不会造成理解混乱。城市品牌传播还需要关注调动受众情绪的方法，只有采用受众可读、可理解的内容才会使受众认知和接纳；创新的品牌形象传播方法往往更加吸引受众有限的注意力，比如利用户外大型艺术装置代替传统宣传册，有可能达到更好的宣传作用。城市品牌传播应优先考虑受众需求，满足受众的知情、参与和审美等需求是品牌形象深入人心的前提。

（二）整合传播载体

一切可与受众沟通的方式都是品牌形象的传播载体，品牌传播需要整合品牌内外部资源，寻找最佳的传播载体。品牌形象的载体类型主要按时间和空间两个维度来理解，时间纬度主要指在特定时间内发生的传播活动，例如城市节庆活动和城市品牌事件等；空间维度指在某一特定区域开展的传播行为，例如城市馆和主题乐园等。品牌传播需要交叉利用多维度的传播载体，调动城市相关联的内外资源，创造丰富的品牌联想，进而丰富城市品牌的价值。例如创意之都阿姆斯特丹标志性的城市活动——阿姆斯特丹灯光节（Amsterdam Light Festival），充分利用城市标志性建筑，安置数百件新媒体灯光艺术作品，开展为期 7 周的艺术节事活动。灯光艺术节每年吸引世界各地热爱创意的游客、艺术家和投资者前往，使阿姆斯特丹创意活力的城市品牌形象得到广泛的关注。通过整合利用时间空间双维度的传播载体，建立和受众的情感共鸣，达到城市品牌形象传播的目的。

（三）整合传播行为主体

政府和城市管理者往往是城市品牌传播行为的主导主体，但强势的城市品牌离不开企业、组织和个人的传播行为。城市品牌形象和城市内各行为主体间存在着互动关系，这种互动关系的好坏直接影响着城市品牌影响力的优劣。例如享誉全国的青岛啤酒节，政府借青岛知名企业的影响力举办具有城市品牌代表性的节事活动，市民及游客参与啤酒节，与品牌形象产生正向情感联结，并自发通过自媒体向外传播品牌形象，扩大了城市品牌形象的传播范围和影响力。城市品牌传播需要充分调动传播主体的参与，拓宽沟通渠道，打造传播主体间的良性沟通循环，合力塑造一致的城市品牌形象,提高品牌形象传播效率。

二、城市品牌形象多路径传播构建

国内学者研究城市品牌形象传播路径大多从新旧传播媒介对比着手,分析新媒体传播路径的优势。如郭德泽在《新媒体语境下城市形象传播的现实困境与提升路径》中,分析了传播主体、客体、传播方式与内容在新媒介环境下的变化,提出构建城市品牌形象全媒体路径传播的综合策略;也有学者将传播路径划分为不同的传播方式,包括广告、活动和互动事件等营销活动。刘亚秋指出媒介只是传播路径中的信息渠道,传播路径应该是一个连贯的信息系统,多路径并行和交叉是城市品牌形象传播的有效策略。

综合理解多元化的品牌形象传播路径,并加之系统化的整合,才能实现传播效果最大化。成功的品牌形象传播路径整合需要做到以下两点。

(一)理解各路径的传播特点和优势

以媒介来区分传播路径,要求城市管理者发挥新旧媒体优势,扩大品牌传播影响。传统媒体包括纸媒、广播和电视仍然具有权威性的优势,作为信息发布的渠道,更易取得受众的信任。特别是城市宣传册,作为城市官方指南,可以引导游客系统地了解城市服务和价值,是吸引外部来访者关注,形成第一印象的品牌形象输出地。以互联网为核心的新媒体具有传播面广、传播速度快和传播受众准确的优势。互联网丰富多样的信息发布和互动方式,为城市品牌形象提供了一个开放多元的展示平台。实时数据的监测为城市品牌形象传播效果的评价提供了可量化的分析方式。新旧媒体的综合利用有利于城市品牌形象传播深度和广度的拓展。

以活动来区分传播路径,要求城市管理者开展全方位的传播活动,加强品牌传播效力。广告营销是塑造城市整体形象的基础路径,有助于提升城市品牌知名度;节会营销加深受众对品牌形象的识别和理解,提升城市品牌认知度;事件营销在短时间内凝聚受众注意力,提升品牌关注度;互动和体验营销深化品牌内涵,提升受众忠诚度。多路径同时开展品牌传播活动使品牌传播内容可以全方位地接近受众,潜移默化地加深受众对于品牌的黏性。

(二) 组合应用多层级传播与阶段性媒介

整合传播路径可创造一个庞大的传播系统,随着传播活动的发生,不同的媒介以组合形式出现在传播路径中。根据阶段性的传播目标,城市管理者可以利用不同的路径组合,增加受众暴露于品牌形象信息中的机会,快速吸引受众有限的注意力。反复多次且形式多样的城市品牌形象传播可以最大化传播效果。多层级传播和阶段性媒介不是路径的简单拼凑,而是根据各媒介传播优势和特长,结合各手段的传播目标以及传播时效,达成路径相互补充、相互呼应、相互促进的动态平衡系统。

三、建立长效城市品牌形象传播机制

可持续的城市品牌形象传播需要一个长期战略规划,以确保城市品牌形象在激烈的国际国内竞争中保持优势地位。长效的传播机制建立在持续的受众研究、有效运转的品牌形象传播机构和传播活动的长远规划之上。

受众研究需要兼顾城市品牌内外受众的不同特性和需求,实时监测和反馈受众认知的变化情况,紧跟时代趋势,调整内容构建和信息传播方式,以受众为核心制定传播策略。

城市品牌传播不能只是依靠各部门间的合作,还需要有独立的机构进行项目规划、执行、管理和反馈。这一机构需要发挥人才优势,团结一致负责城市品牌形象的经营,包括传播方案制定、公关活动、资源调配、传播内容的输出、监督和管理等。

传播活动的长远规划是在城市品牌形象定位之后进行的一系列品牌增值行为。品牌形象定位如同大厦的地基,传播活动就是添砖加瓦的过程。城市品牌传播效果不是立竿见影的,它需要长久的累积。一旦城市品牌优势形成,城市品牌的优势地位就难以撼动。为此,城市品牌形象传播的规划需要具备全局观和长远观,且规划需要在保证城市品牌核心价值观一致性的基础上保持传播活动的连贯性,预见品牌传播发展方向,构建品牌传播有机体系。

第四节　中国城市品牌发展评价

一、中国城市品牌评价标准

　　随着中国城市化的进展,越来越多的政策制定者意识到城市品牌是城市的重要资产。城市品牌作为促进城市经济和社会发展的核心竞争力,需要从国家层面制定规范的评定标准。2013 年,中国品牌建设促进会正式成立。2016 年,中国品牌建设促进会、中国城市报、中国城市品牌提升技术委员会正式组建了国家城市品牌评价项目组。经过 13 轮专家答辩审核,2017 年 12 月 29 日,《品牌评价城市》(GB)国家标准正式发布实施。2018 年 5 月 26 日,"2018 中国城市大会"在人民日报社召开,大会试发布中国城市品牌(地级市)综合分值居前 100 名的城市。

　　《品牌评价城市》(GB)中将城市品牌定义为能够在城市利益相关方意识中形成独特印象和联想的要素组合,包括名称、用语、符号、标识、设计或其组合。城市品牌综合影响力指城市品牌从多个维度展现出的影响能力。国家从 4 个维度评价城市品牌综合影响力:城市知名度、城市发展实力、城市品牌呈现、城市综合口碑。参考了大量西方发达国家城市品牌研究成果,我国城市要素评价二级指标分为六大类:有形资产、无形资产、质量、服务、创新、品牌。

　　标准的发布意味着城市品牌建设有了针对性的科学指导。解读中国城市品牌评价标准,可以了解中国城市品牌建设的重点目标和方向。城市知名度将品牌文化设计和品牌知晓度纳入评价体系,这体现着国家对审美设计的关注。城市发展实力不仅关注城市原有的实力,也考虑城市当年增速和发展潜力,鼓励城市积极从生态、旅游,特别是科技创新和文化上寻求发展。城市品牌呈现考量的是城市品牌的活跃度,主要体现为大型节会和重大事件。城市综合口碑注重城市利益相关者的评价,强调网络宣传和城市品牌荣誉,城市形象的口碑效应纳入城市品牌综合影响力的重要评价标准。

中国城市品牌实践过程中,《品牌评价城市》和《中国城市品牌评价（地级市）百强榜》将不断完善和成熟,除统一考核评价外,还开展"最具文化传承价值的魅力城市""中国影响力的特色城市"等专项评估,鼓励各城市发展特色品牌道路。

总而言之,中国目前城市品牌价值多元化发展,品牌评价更注重可持续发展,品牌建设目标突出中国特色。中国城市品牌提升工程已经步入一个完全崭新的历史发展阶段。

二、中国城市品牌认知调查

城市品牌竞争不是数字和指标的竞赛,城市居民的认知和评价才是城市品牌的意义所在。城市形象是一个内涵丰富的综合性概念,它展现着城市的多重样貌,不同的人对城市也会产生不同的认知和感受。如前文所述,上海交通大学舆情研究实验室社会调查中心 2015 年发布了《中国品牌认知调查报告》,邀请全国 36 个城市的 3 600 名受访者对城市形象进行总体评价,从 6 个维度考量城市居民对居住地城市和其他各个城市的综合感知情况。调查结果显示,生态形象与城市总体印象评价相关性最强,城市形象推广和文化形象超过经济、政府和居民形象,对城市综合形象影响十分显著。

调查报告中有几项调查结果值得关注。关于外地城市的了解渠道这一项,调查显示,"互联网"和"亲身体验"是受访者最常了解其他城市的方式,"政府制作的宣传品"则是倒数第二的了解方式。这个结果体现了互联网数字时代,新媒体传播渠道的重要性,也说明了亲身体验仍是居民感知一座城市的主要方法。具有吸引力和感染力的城市推广的方式和便捷直观的推广途径是提升目前中国城市形象的关键。如果城市形象传播还停留在招商引资、城市风光广告的初级阶段,其影响力难以提升。

目前国内城市中,上海被评为五年来城市形象提升最明显的城市。丰富多彩的国际文化活动和文艺展览是上海提升城市形象的有效办法。上海的娱乐生活丰富度以 27.6% 的得票率拔得头筹,各具特色的艺术场馆、主题乐园、购物中心带给游客丰富多样的体验。上海舆情研究实验室发布的中国城市品牌指数构建的专题研究中，上海也位于活力品牌榜单榜首。基于受访者主观体验和评价的指标，例如"令人兴奋"和"容易找到有兴趣的事"也纳入了影响活力因素的指标中。

城市利益相关者的感受体现着城市品牌影响力的变化，不同利益者对城市综合评价的因素存在差异。环境因素对内外部利益者来说都是最强的影响因素，第二强因素则存在差异，文化形象是城市居民评价城市总体形象的第二强因素，而对到访者和未到访者来说，城市形象推广因素在所有因素中排名第二。未来城市品牌建设工作中，文化形象和城市形象推广都是城市品牌提升策略中需要重点关注的方向。

三、中国城市品牌困局

虽然中国许多城市在城市品牌活动开展，城市文化资源利用，品牌形象媒体传播中已经取得了不少成就，但在品牌定位、营销和影响力提升方面仍然存在着很多问题。

一是各城市对城市品牌基本概念掌握水平参差不齐，很多地方政府不能理解和区分城市品牌的内涵和外延。有些城市片面地认为城市形象建设就等于城市品牌。在错误观念引导下，一些城市盲目大兴土木，建造大量粗制滥造的人文景观，有些城市中"两个小孩托个球""三角形上放个圆"这类审美低下，生硬突兀的雕塑不仅没有提升城市形象，反而破坏了自然景观。

二是城市品牌定位不准确，不合理，缺乏能综合体现城市形象，展现城市独特性的品牌定位。一些城市拥有相似的品牌资源，城市在相互争抢资源的同时容易出现定位雷同的现象。国内大部分城市定位主要集中于以下几个方面，例如某某之都，生硬的将当地出产商品填上即成。其次是滥用天堂、仙境、伊甸园等标签，"上有苏杭，下有天堂"的口号成功之后，引来一众模仿者，例如"焦作山水，人间仙境"（焦作），"小商品的海洋，购物者的天堂"（义乌）等。然后是"桂林山水甲天下"引发的"山水派"，例如"多情山水，天下洲城"（长沙）和"奇山奇水绿南宁"等。最后是同质化和生搬硬套外国地名，石家庄、秦皇岛、无锡、巢湖等地都自诩于"东方日内瓦"。模仿和复制不能实现品牌价值。

三是城市品牌定位不坚定，不确定，随大流摇摆不定。一个城市的品牌依托于该城市独有特有的内容，而根据一段时间里的环境和趋势就潦草制定的城市品牌比比皆是。当"生态文明"是主流的价值观趋势时，诸多城市定位于"绿色低碳"等相似的品牌，而当"民生"成了政策的导向时，这些城市又会打着"宜居宜业"的品牌标语，盲目跟风，随大流。这种朝令夕改、追求新奇的城市定位，使得之前所形成的城市品牌定位的成效未能继承和发挥，付之东流。

　　四是无法协调城市品牌对内和对外的发展。在吸引外部利益相关者的同时，无法顾及内部相关利益者的需求，对内（凝聚认同）和对外（塑造形象）两方面发展脱节。我国目前城市品牌建设过度聚焦于城市宣传，单纯依赖城市促销战术，以吸引受众注意力为目的。一些城市在品牌发展中将重心放在对外营销的探索上，忽视本地文化精神的塑造，遗忘了与内部居民的沟通和联结。如果不提升本地居民的归属感和城市宜居度，不仅不利于提升城市品牌影响力，而且无法实现城市品牌可持续发展。

　　五是城市品牌营销模式雷同，城市品牌营销活动扎堆，但质量不高。许多城市活动如火如荼举办，事后却不及时复盘，对活动的影响力和效果缺乏足够的跟踪关注和分析，活动昙花一现，难以保持活力。品牌营销是长期的行为，暂时的热闹对品牌建设贡献微少。不少城市不惜斥巨资打造大型会展、节庆活动，但活动内容质量差，甚至出现抄袭。例如斥资2 000多万的2018年西安全球创意大会先是被爆出媒体名单造假，后又涉嫌全方位抄袭深圳MINDPARK创意大会。西安本想借大会提升城市创意活力，最后却弄巧成拙，极大地损伤了城市形象。

　　六是城市品牌定位空洞，虚浮化严重。现如今，诸多内地城市相互模仿抄袭，仅仅从政策驱动下的目标来进行基础设施建设，"千城一面"的现象严重泛滥。根据资料显示，我国有近200个城市的定位是"国际化大都市"，然而政治环境、经济水平、文化素养、生态文明建设均差距甚远。盲目定位，不切实际，与发展现状和发展水平相违背的城市品牌，沦为一句丝毫没有吸引力的口号。城市品牌的定位应当根据该城市的具体内涵得出，其中包括文化底蕴、地理特征、历史沿袭、科技发展、政策导向等。以城市品牌的塑造推动吸引力竞争的成功不仅要做到多角度、立体化、全方位的考虑，也要从多个角度中有所侧重，有所取舍，在诸多方面寻找一个最能代表本城市特点与优势,符合本城市未来发展方向定位的内容,依托此内容进行衍生和发展,对城市进行合理的定位。

七是城市品牌缺少整体品牌规划,宣传媒介渠道老旧。宣传受众面狭窄,没有细分受众,宣传方式刻板单一,缺乏根据媒介特点,特别是根据新媒体的发展和趋势制定的传播方案。复旦大学国际公共关系战略研究室主任裴增雨在城市品牌调研和规划的过程中发现,城市品牌在塑造和传播中,缺少城市品牌整体规划,在品牌的塑造时间、传播节奏、传播策略等方面,不能整合有限的城市资源,使之发挥最优化的推介效果。单一的传播方式,例如城市宣传片、户外广告、城市形象宣传手册等,只能带来短期的传播效果,观众难以形成持久的记忆,自然城市的影响力也难以提升。

第三章

城市品牌形象应用与比较研究

第一节　城市品牌与地标建筑、景观

一、地标建筑与景观

（一）地标建筑与景观的界定

地标是指某地方具有独特性的建筑物或者自然景观地形,具有一定影响力和标志性,地标与周边的环境有明显突出的区别,能够让人很容易记住并识别出来。地标建筑与景观可以作为人们对自身所处位置的参照物,通过它们可以认出自己身在何方,具有公众指示和"航标灯"的作用。例如摩天大楼、体育馆、博物馆、纪念碑、广场、钟楼、教堂、雕像、水坝、灯塔、桥梁等公共设施。赵伟认为地标的含义体现在物质和精神两个层面,是整个建筑群的主角,有明显区别于其他建筑的特点。

马武定指出,城市景观是人们所看到的城市构成要素的外部形态特征,由街道、广场、建筑物、园林等构成的视觉层面的印象,是城市中局部和片段的外观。不同地貌、时间、人文都会构成不同的景观,如自然景观、城市景观、乡村景观,日景、夜景等。特定时期或风格的建筑群,具有重要生态作用的自然环境区域等一些有特殊价值的历史、人文、自然景观往往会受到政府保护,一些地区为了保护景观,会限制建筑物的高度、造型等,以免对景观造成破坏与损伤。城市景观要素主要包括自然景观要素、人工景观要素和社会景观要素。其中自然景观要素主要是指自然风景,如山丘、树木、河流、湖泊等;人工景观要素主要有文物古迹、园林绿化、商贸集市、广场等;社会景观要素主要指一地特殊的民俗、仪式、庆典等对游客具有吸引力的独特生活方式。

(二) 地标建筑与景观的作用

1. 地标建筑、景观是文化的载体

城市文化必须借助一定的载体来实现,地标建筑与景观能够很好地传递城市的文化气息,反映城市的特色与风采。建筑与人文、自然景观都是文化不可或缺的组成部分,作为地标性建筑与景观,是构成一地独特的自然、文化风貌的重要标志性"符号"。这些符号往往是城市经过历史的积淀选择或"生产"出来的,形成这个城市对外形象传播的语汇。美国著名的建筑学家弗兰克·劳埃德·赖特就曾经提出,地标性建筑的设计可以是这个城市在历史发展过程中的一个符号,这个简单的历史符号通过建筑设计的运用,转化成为这个城市的地标性建筑,体现出一种抽象与具象的内在相容性。而反过来说,这些"符号"也影响了城市对于自身形象的定位与建构。比如说,西湖、吴山这些历史景观是杭州的形象符号,由于杭州的山较为低矮,西湖的水面也非常平静,这样的自然景观形成了杭州温婉秀美的城市形象。但杭州正在规划建设现代摩天建筑群,其中制高点是高度达到 310 米的"杭州之门"(见图 3-1),将刷新杭州建筑的高度。而杭州希望在休闲、宜居、传统文化名城这样的品牌形象之外,通过这样的新地标建筑群塑造现代的、向上的、具有拼搏精神的新杭州城市形象。

2. 地标建筑、景观是旅游凝视的目标

当旅游者来到一个城市之后,一般都会到著名景点也就是地标建筑与景观处参观、拍照,现在年轻人常将这种行为称之为"打卡",意思是去旅游必去之地。尤瑞的旅游凝视理论认为,游客会对日常生活经验所缺乏的象征性"符号"充满向往,如独一无二的目标(如埃菲尔铁塔、帝国大厦),特殊的标志(如典型的英国乡村、美

图3-1 将要建设的"杭州之门",资料源于《钱江晚报》

国摩天大楼)等。作为一名游客不可避免地会拍摄旅游地的建筑与人文风貌,以及在网络上或旅游地接触到的各类旅游广告图片等,这些搜集照片与城市标志性"符号"的行为,以及城市"生产"出的旅游凝视的目标事物,都是"旅游凝视"的具体化和有形化。

游客对一个城市的品牌文化感知,最初是通过视觉进行感受,从而形成视知觉,感知城市的整体品牌文化形象。城市品牌文化给游客最直观的感知即"视觉"上的感知。视觉在旅游发展的特征中占据支配地位,游客一般在旅游城市中停留时间不长,因此通过最直白的"视觉"感知,再融合"旅游凝视"中的"移动感知"的拓展概念,探讨视觉信息在空间中的传达,能够给游客创造一个更容易获取自身品牌文化信息的城市环境,提高旅游城市自身的品牌文化影响力。因此城市开始力图创造出供游客凝视的目标,从而带来了视觉景观的飞速发展。

但随着信息网络的日益丰富,旅游体验的不断发展,虚拟现实技术的出现,人们旅游的"目的"与"寻找差异性"的概念开始变得模糊。且实证表明,随着游客在景区停留时间变长,视觉优势和象征特性将逐渐减弱。这也就意味着,游客在"凝视"一座城市的时候,所接受的对应城市品牌文化的视觉信息会随着时间的推移而减弱,甚至会遗忘。如何让游客在旅游的"移动过程"中保持对城市品牌文化的新鲜度,从而增强品牌文化在旅游凝视中的可塑性,在这个信息化高度发达的时代中显得尤为必要。

3. 地标建筑代表了城市的精神

美国城市规划学家沙里宁曾经将城市比作一本打开的书,从其中可以看到这个城市的抱负,能显现出这个城市的居民在文化上追求什么。也有人把城市精神比作是一座城市的灵魂,认为它是社会道德与市民素养的综合反映,能够反映市民共同认可的精神价值与追求。对一个城市来说,城市精神对其生存与发展有着巨大的灵魂支柱作用、旗帜导向作用,是城市发展的持续动力源泉。城市精神彰显着一座城市的特色风貌与整体形象,引领着未来发展。

一个地方的自然环境与历史文化塑造了在此居住的人们的性格与精神,同样也塑造了这个地方的建筑风格。假如一个久居南方的人第一次来到北京,可能清晰地发现北京的建筑风格与南方有着鲜明的差异,显得非常敦实厚重。这并非是出于对行政中心的权威的表现,还有出于建筑的光照、通风、保暖等一系列的考虑,但在旅游者的眼中,却会感受到北京建筑的大气、沉稳,尤其是当看到故宫、长城、天坛、国家大剧院等地标性建筑的时候,更会感受到象征着首都北京的符号带来的力量感、庄严感。而上海,曾经的老上海租界遗留的历史建筑与新上海浦东建筑群,带给旅游者的又会是另外一种感受,这些标志性建筑展现出上海发展的历史,以及海派文化自由开放、博采众长、昂扬向上的精神内涵。

二、地标建筑、景观对城市品牌的影响作用

(一) 地标建筑、景观与城市感知

地标建筑是身处城市中的人们观察、感知这个城市的参照点,它作为一种地标,经常是人们用作确定空间结构的重要线索。地标建筑与景观最重要的特点是"在某些方面具有唯一性",是在整个环境中令人难忘的独特风景。比如布拉格作为著名的旅游城市,虽然城市面积不大,但市内拥有为数众多的不同时期的历史建筑,首次到布拉格旅行的人们要快速记住布拉格的旅行路线,就需要以查理大桥、老城广场、天文钟等标志性建筑与景观作为参照物,才不会在错综曲折的道路中迷失自己。

凯文·林奇在《城市意象》一书中研究了人们记忆城市的方式,通过分析 3 个

城市的中心区域的路径、边缘、节点、区域和地标,确定它们与可成像性相关的强度。他认为这5个元素并不孤立地存在于城市中,而是不断地相互影响,区域由节点构成,由边缘界定,其中穿过路径,并由地标点缀。凯文·林奇讨论了城市中的每个元素都有高或低的可能性,基于诸如形式、颜色和材料的众多因素而被公众记忆,这被称作"可成像性"。"可成像性"是指在物理对象中存在的,使其在任意给定观察者心中都具有高概率唤起强烈图像的特质。虽然每个人对城市的看法和记忆都不同,但具有可成像性的元素使更多的人对城市持有相似的心理图像。林奇将这些心理图像称为"公共图像",路径、边缘、区域、节点和地标是形成心理图像的基础元素。

(二) 地标建筑、景观如何影响城市品牌

地标建筑是城市的文化与建筑风格的集中体现,是一个城市向世界表达自己城市风格的最好媒介,就像是城市的代言人。著名的建筑学家梁思成认为地标性建筑的本质是一种它所在的这座城市的代表与象征。简森在《世界美术史》中也说过,当我们想起任何一种重要文明的时候,我们有一种习惯,就是用伟大的建筑来代表它。标志性建筑作为一个城市的文化缩影,能够形成差异化的语境和文化背景,有利于旅游者对城市文化产生认同,很多人在潜移默化中通过城市地标建筑与景观感知城市形象,从而感知城市品牌。

地标性建筑往往位于城市重要的位置,尺度宽阔,造型醒目显著,是一个时代建筑技术的最高体现,因而能够带给观众视觉乃至心灵的冲击力。如埃及胡夫金字塔长宽均为约230.35米,高度约146.60米,反映了古代埃及在数学、天文学等方面的最高水平,同时展现了令人不可思议的起重运输和施工技术水平;上海金茂大厦位于陆家嘴金融中心地带,高420.50米,占地2.40万平方米,建筑外观融合了中国传统佛塔造型与现代科技,展现出让人赞叹的艺术魅力,1998年荣获伊利诺斯世界建筑结构大奖;悉尼歌剧院坐落在悉尼港中心的便利朗角,长183米,宽118米,高67米,其建筑造型远看如船帆,近看如同展开的贝壳,被认为是巨型雕塑式的典型作品,2007年被联合国教科文组织列入《世界文化遗产名录》。这些建筑都是一个时代文化与科技的精粹,是城市的象征性符号,让人看到建筑及相应的符

号、照片、文字就能够联想起其所在的城市，将城市品牌形象与建筑紧密关联。

三、国内外标志性建筑对城市品牌的影响研究

笔者在《品牌文化研究与设计》课堂上与宋紫杉、谢宇飞、张凯文等同学所进行的一项针对国内外标志性建筑对城市品牌影响的研究，选取国内和国外各几个代表性城市的标志性建筑，请受访者对其评分，并询问标志性建筑对城市品牌的影响力相关问题，以期从人们对地标建筑和城市的体验和评价中，总结分析出这座城市所能带给人们的整体印象和联想，并验证标志性建筑是否起到了对城市品牌形象的宣传、推广及塑造城市品牌的作用。此外，希望通过对地标建筑对城市品牌的影响进行实验研究，从不同人群的体验和评价中得出两者之间的关系，总结分析出一个对塑造城市品牌具有积极影响的地标建筑所应当具备的要素。

（一）研究方法

由于城市品牌与大众对城市的认知和感受有着密切的关系，它基于人们的个人主观判断，所以本次研究所需要的数据采用问卷调查的方法获得，调查问卷的发放以网络调查的形式展开，由受访人根据自己的感受和评价作出回答，再通过数据分析，得出结论。共收到有效问卷126份。

调查问卷分为两大部分，第一部分选择了以中国的3个城市以及其地标建筑为案例，从互联网上搜索到上海的东方明珠、哈尔滨的圣·索菲亚大教堂和广州的广州塔"小蛮腰"的图片（见图3-2）。让受访者为地标建筑和城市分别打分（1～5分），并判断地标建筑与城市的匹配程度（1～5分），然后进行单选题回答。由于案例所在城市的当地人和外地人对地标建筑的感受和评价会有差异，为了更加了解地标建筑对当地人们生活各方面的影响，以及城市对外宣传和推广方面的效果，所以在问卷的其他问题设计上会存在差异性和针对性。比如针对当地人的问题包括认为该地标建筑能否给城市提高知名度，该地标建筑能否体现当地的文化特色，该地标建筑对当地居民生活、附近交通、吸引游客以及带动附近经济发展是否具有积极或消极的影响等。针对外地人的问题包括是否愿意来此城市旅游，是否会为了

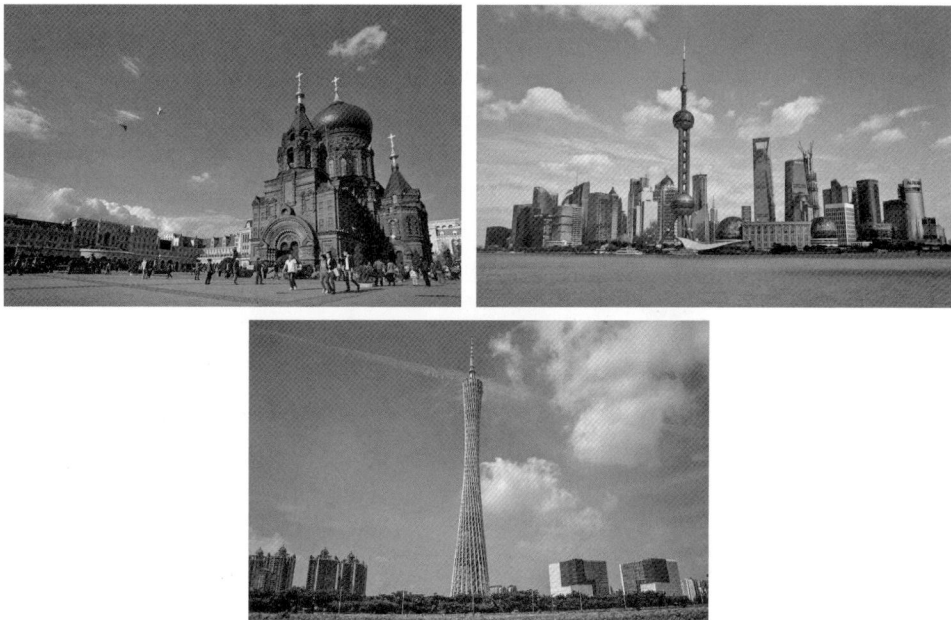

图3-2　左起依次为：哈尔滨/圣·索菲亚大教堂、上海/东方明珠、广州/广州塔

该地标建筑而来此城市旅游，如果来旅游是否会特意来看该地标建筑等。

第二部分选择了以国外的4个城市以及其地标建筑为案例，分别是布拉格"跳舞的房子"、巴黎的卢浮宫、毕尔巴鄂的古根海姆博物馆以及伦敦的瑞士再保险总部大楼（见图3-3），其中有些地标建筑不是该城市最为著名的建筑。通过对城市的文化特色的描述，受访者根据图片判断该地标建筑与其所在城市的匹配程度，以及是否能通过该建筑感受到城市的文化特色。

（二）研究发现

第一，第一部分受访者给上海、哈尔滨、广州以及其地标建筑的综合打分都在4分以上，说明大众对于案例城市以及其地标建筑是比较认可的态度。而在这些城市中单独给地标建筑的打分平均分，通常高于单独给城市的打分以及给地标建筑与城市的匹配程度的打分。其中，哈尔滨的圣·索菲亚大教堂得分为4.56分，高于哈尔滨城市得分（4.24分）及城市与建筑的匹配程度得分（4.33分），而且高于上海东方明珠和广州的广州塔的得分（4.4分）。

图3-3　左起依次为：巴黎/卢浮宫、毕尔巴鄂/古根海姆博物馆、伦敦/瑞士再保险总部大楼、布拉格/"跳舞的房子"

　　这说明地标性建筑作为一个城市的代表性符号与象征物，由于其本身是当地历史文化的浓缩与精粹，是当时建筑科技的集中体现，因此在受众心目中具有较高的认可度，甚至超过受众对其所在城市的认可。从这一意义上说，城市地标建筑提升了城市的品牌形象。

　　第二，调查表明，当地居民与外地游客对于城市地标建筑的看法既有共同之处也存在一定分歧。他们都认为地标建筑能够提高城市的知名度，能够体现当地文化、对吸引游客产生积极影响，能够带动旅游经济发展。但是由于外地游客一般仅是浮光掠影式的参观游览，因此对地标建筑的负面评价较少。而本地居民却由于城市规划、旧城改造、环境影响、游客涌入等问题，对地标建筑持有一定消极态度。可见在建设地标建筑时，除了要考虑吸引游客、宣传城市等，还需要考虑如何和谐地处理地标建筑与本地居民，尤其是地标建筑附近的居民之间的关系，以提高城市居民的生活质量。

　　第三，对于国外案例城市及其地标建筑的研究部分，受访者都没有亲身游历过案例城市，仅通过问卷中的文字和图片等介绍说明，结合自己对该城市的既往理解与认识，从视觉与感性认知的角度作出选择和判断。

在 4 个国外案例中，受访者给巴黎以及其地标建筑卢浮宫的打分最高，包括给单独地标建筑以及匹配程度的打分，而对布拉格的"跳舞的房子"的打分较低。调查发现，除了建筑本身的知名度差异之外，地标建筑的外观以及建筑与周围环境之间的关系也是影响评价的重要原因。"跳舞的房子"位于布拉格市的老城区，建筑风格夸张、具有未来感，与周围建筑产生了视觉上的强烈对比，不能很好融入布拉格的城市文化特色，所以受访者普遍不认可"跳舞的房子"与布拉格的匹配性。而卢浮宫由于大多数人都表示能够通过这座地标建筑感受到巴黎的当地文化特色，因此具有非常高的认可度。

另外，伦敦的瑞士再保险总部大楼是一幢钢铁和玻璃制成的高科技建筑，由于它与巴塞罗那的阿格巴塔的外观相似度较高，因此有着可以替代的形象，这种因素对于一个成功的地标建筑来说是应当避免的。每个城市都有自己独特的文化特征，这使得它无可替代。而地标建筑在风格上的相似性会削弱其城市的形象个性，这显然在城市品牌形象的塑造上是不利因素。

第二节　城市品牌形象与公共空间艺术

经济强大不是城市品牌影响力的唯一推动力。城市是有温度有人情味的地方，城市品牌形象的提升需要舒适和宜居的生活环境，还需要城市的文化艺术实力、魅力和影响力。城市品牌形象的竞争，其实也是各城市文化艺术实力的比拼。

人们习惯于用博物馆、展览和剧院的数量来简单判断一座城市是否"艺术"。但是城市艺术不是简单的一件艺术品、一个美术馆或者一个名家展览。城市艺术是综合的城市文化景观，而公共艺术是构成城市文化景观的重要元素。公共艺术是城市文化品牌形象塑造中重要的议题，其承担着发现城市文脉与灵魂，拯救城市空间断裂，沟通人与城市，推动社会和谐，增强社会认同，促进文化繁荣等使命，这些使命与城市文化品牌建构与发展息息相关，公共艺术的蓬勃发展有助于打响城市文化品牌，提升城市品牌价值与影响力。

一、公共空间艺术的"艺术 + 科技"潮流

　　未来城市的发展不可阻挡地朝着数字化和智能化迈进,城市品牌形象的应用也将越来越依赖数字科技的加持。通过新媒体艺术参与城市品牌形象的塑造来展现城市内涵与特征,是城市品牌更新的崭新手段之一。新媒体技术的运用带来的是更加生动的展示方法和更有效的城市形象传播。

　　芝加哥千禧公园的电子皇冠喷泉是新媒体艺术手段介入城市品牌塑造的经久不衰的案例。几乎每篇研究新媒体公共艺术的文章都会提及这件经典的装置作品。皇冠喷泉是加泰罗尼亚艺术家 Jaume Plensa 设计的高 15.20 米,装有发光二极管(LED)的玻璃砖塔楼,如图 3 - 4 所示,塔楼上的电子屏幕循环播放芝加哥1 000 位市民的笑脸,水柱从电子屏幕上市民的嘴里涌出,形成一条小瀑布,流入到由黑花岗岩石制成的倒影池中。这件新媒体雕塑装置摆脱了传统市中心雕塑"高大威严"的形象,它依然体量够大,引人仰望,但因为灵活运用新媒体技术,它显得格外亲切,成为芝加哥市民夏日戏水的乐园,同时,它用一张张笑脸,代表芝加哥市民欢迎世界各地的来客,展现了热情和开放的城市品牌形象。

图 3 - 4　芝加哥皇冠喷泉

城市品牌形象与新媒体公共空间艺术的结合,创造出了一个诗意的城市。芝加哥的第一产业是农业,工业和制造业也非常发达。但芝加哥的形象并不是一个冷冰冰的工业城市,当地城市规划建设注重挖掘城市文脉和人文关怀,积极传递亲切有温度的城市形象,巧妙利用新媒体艺术,成就了芝加哥强有力的城市品牌形象影响力。

　　1995年克里斯托夫妇的大型公共艺术项目《包裹德国国会大厦》是柏林历史上影响力最大的公共艺术活动之一(见图3-5),近年来,柏林开始利用新媒体装置创造出生机勃勃的城市景观作品,每年十月的柏林灯光艺术节(见图3-6),也成为享誉全球的艺术盛宴,极大地提升了柏林的城市品牌形象。柏林的成功正体现了当代公共空间艺术的两个发展潮流。

图3-5　包裹德国国会大厦

图3-6　柏林灯光艺术节

首先,当代公共空间艺术呈现出从"艺术作品"向"艺术事件"转化的潮流。王中在《公共艺术概论》中指出,相较于将传统的公共文化艺术以"品"的方式静态设置在城市的公共空间,当代公共艺术更重视其文化属性,强调"生长"的过程。它还是事件、展演、互动、计划或诱发文化"生长"的城市文化的起搏器。

　　其次,当代公共空间艺术还呈现出明显的"科技＋文化"潮流。很多国际都市创新化的使用科技手段参与空间的整合与重塑,丰富观者感官体验,增强参与性。陈立博总结了互联网、数字化、跨媒介和沉浸式体验带来的公共艺术升级发展。具体表现为互联网转变人们对传统空间的认知,使艺术的媒介与形式发生变化,从而拓宽公共艺术的发展领域;数字化带来了大量技术革新,未来公共艺术发展将越来越多地运用到数字技术;跨媒介以交互体验理念为核心,通过运用交互媒体,展现新的艺术表达;沉浸式体验改变了传统公共艺术被动式的体验方式,观众与作品主动交互形成沉浸审美感受。

　　当代公共空间艺术中的新媒体艺术潮流不只是技术在艺术中的应用革新,也不仅仅局限于提供新的表现形式和语言,新媒体公共艺术依据城市发展水平提供相应的审美体验,它作为一种艺术手段,最终目的是达成城市与人的情感联结。

　　城市品牌形象的提升需要挖掘城市现有文化资源,激活城市空间,创造文化氛围,从而影响城市内外利益者的感知和评价。城市文化中的社会共识,城市生活中的社会秩序,城市环境中的社会审美,城市道德中的社会情感,皆因有新媒体艺术的介入,更具传达力量和互动效果。新媒体公共艺术从城市文化形象角度,为城市品牌提升提供了符合时代趋势和审美发展的思路和方法。

二、新媒体公共艺术提升城市品牌形象的途径

　　城市品牌形象与公共空间艺术的关系有多元化的表现,优秀的公共艺术可以成为城市文化和城市精神的物质载体,也可以成为城市空间与人沟通的媒介,传播着品牌的核心价值观、态度、行为和个性。新媒体公共艺术放大和强化了公共艺术作品呈现时的交互行为和效果,有效和直接地传递了城市文化信息,有助于公众形成对城市品牌形象深刻的记忆。

（一）新媒体公共空间艺术重塑城市景观

土耳其诗人纳乔姆·希克梅曾说，人的一生中有两样东西是不会忘记的，那就是母亲的面容和城市的面貌。城市的面貌是由城市中各种各样的景观一起构成的。"景观规划意味着在一系列设定的物理和环境参数之内规划出适合人类的栖居之地。"简而言之，景观就是人造的视觉空间，而这个空间应该具有视觉美学意义和文化精神意义。天津大学建筑学院教授郝卫国和李玉仓在其著作《走向景观的公共艺术》中，将公共艺术比作"景观中有机闪动的眼睛"和"景观中真实鲜活的灵魂"。城市建设是庞大复杂的工程，公共艺术只是城市有机体中的一小部分，在有限的体量和空间中，新媒体艺术手段比传统艺术形式更能吸引人们关注，引起心灵震撼，重塑对空间的感知和记忆。

1. 有助于"景观内的艺术"向"艺术介入景观空间"转变

从艺术与城市景观的关系来说，新媒体公共艺术不仅具有单纯的审美功能，而且其很多作品贴近公共空间的设施和整体需求，本身成为景观元素的一部分。2017年悉尼灯光艺术节亮相的灯光装置"The Sunflower（向日葵）"是几个向日葵造型的路灯，如图 3-7 所示，它们白天收集太阳能，夜晚就可以点亮 LED 灯，同时控制花盘转动，模拟向日葵随日光转动。泰国创作团队 ONGA 用这个装置代表泰国向悉尼游客传递"友谊"和"幸福"的美好祝愿。

图 3-7　向日葵

2. 促进"艺术装饰景观"到"艺术营造景观的文化氛围"的升级

当代公共艺术研究已经逐渐摒弃公共艺术只是城市景观装饰品的理念,开始研究公共艺术与建筑、色彩、人群、空气、声音、光线等因素综合发挥作用,塑造文化氛围的机制和效果。新媒体艺术的主要特征是交互、参与和沉浸,公共空间中的新媒体艺术通过唤起参与者的五感体验,强化精神感染和审美享受,最大化营造景观空间的艺术氛围。纽约时代广场 2014 年落成的一个心形互动装置"Heartbeat(心跳)",艺术家将它定义为一个"城市心跳之鼓"。这个装置会发出深浅、强弱不一的心跳律动声和音乐和弦声,当人们靠近或者直接拿起鼓槌击打它,装置的声音和光芒都会随之产生变幻(见图 3 - 8)。所有人都被鼓励一起参与到这个温暖、愉悦和浪漫的装置艺术表演中,纽约繁华的城市商业中心因为回荡着"心跳"装置多样的旋律显得更加有人情味和艺术气息。

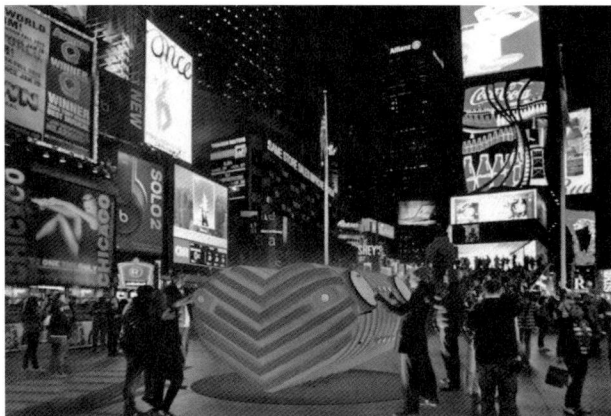

图 3 - 8 心 跳

3. 使"艺术品"走向"艺术媒介"

一件作品被公众接受、理解和喜爱依赖的是公众直接的亲身反应和感受。这需要公众和作品产生联系,发生共鸣。公共艺术不同于馆藏的架上艺术,它需要与所处的景观环境发生联系。这种联系在传统公共艺术中大多只是"看与被看"的视觉联系,而新媒体艺术是一个数字信息系统,涉及数字化信息的编码和转码。在信息转化流动的过程中,新媒体公共艺术承担的是一个媒介的功能,艺术化地传递城市信息,潜移默化地形成城市品牌印象。2013 年北京地铁 8 号线南锣鼓巷站正式开放运营,同时向市民呈现的还有一件新媒体公共艺术作品——"北京-记忆"。如图3-9所示,这件作品将4 000件带有老北京记忆的小物件封存在透明琉璃中,一块块琉璃拼接成黄包车夫、穿长褂的小孩等老北京特色人物的场景剪影。其中一些物品有对应的二维码,行人可以扫码聆听这些物件背后的故事。故事由文字、音频、视频的方式呈现。这件新媒体公共艺术作品巧妙利用新媒体艺术的参与性和互动性,将网上虚拟空间和城市公共空间连接在一起,作为"艺术媒介",唤起市民对北京的城市记忆,并鼓励市民参与城市记忆的诉说和表达。城市记忆与城市文化传承是城市品牌的基础,新媒体艺术用新的叙事方法使个人的记忆成为城市的文化,让城市品牌形象更有感染力和吸引力。

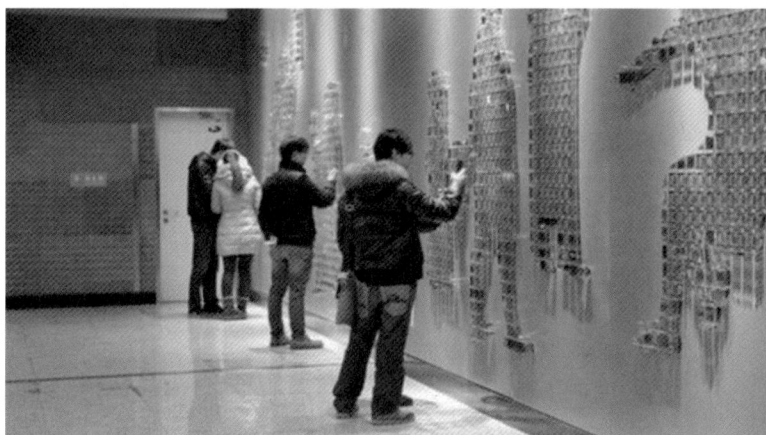

图3-9 北京-记忆

总而言之,传统公共艺术是一个以艺术作品为中心,通过艺术家单一视角创造的封闭、确定的必然世界;新媒体公共艺术是一个以环境和观察者为导向,通过观众的多重视角驱动的开放、未定义的世界。

(二) 新媒体公共空间艺术增强城市品牌形象传播效果

根据拉斯韦尔提出的"5W"传播模式,城市品牌形象传播活动涉及传播主体、传播内容、传播媒介、传播受众、传播效果5个方面,城市品牌形象的传播是一个完整的过程,主要的表现内容是城市价值观,整个过程包括城市品牌形象的建立、认知和受众沟通,其目标是利用传播手段最大化品牌形象。城市品牌形象传播的主要使命是"创建可以表现城市品牌独特核心价值的形象,于目标受众和城市品牌的沟通之中,产生对品牌的认知和认同"。公共空间艺术需要讲述城市故事,满足城市人群的行为需求。新媒体艺术的新鲜体验和视觉冲击,以及其注重交互和参与的媒介优势让受众更容易接受和感知,从而带来城市品牌形象的提升。

1. 丰富城市品牌形象传播的途径

新媒体公共艺术以交互体验理念为核心,通过运用交互媒体,展现新的艺术表达,吸引受众宝贵的注意力;沉浸式体验改变了传统公共艺术被动式的体验方式,观众与作品主动交互形成沉浸审美感受,这刚好可以满足城市品牌形象传播路径的需要。利用新媒体公共艺术,建筑、色彩、人群、空气、声音、光线等因素可以综合发挥作用,在城市品牌形象传播活动中充分唤起受众的五感体验,可以最大化强化精神感染和审美享受。巧妙运用新媒体公共艺术,可以丰富城市品牌形象的传播路径,丰富传播活动的内容与形式,提高受众在传播活动中的参与感,使得传播效果比传统的信息传播途径更有成效。新媒体公共艺术因其"科技+文化"的特质,加之更加丰富的感官体验和高度的受众参与性,在各类营销活动中发挥作用,促进城市品牌形象传播效果。

美国费城 2018 年落成的作品"Pulse(脉搏)"设置在古老的费城市政广场地铁站周围。该装置由艺术家珍妮特·艾克曼设计,她在这件作品中用薄雾在地面追踪地铁实时的路径。这种薄雾其实是一种微型原子化水离子,如图 3-10 所示,它非常轻,微风和人的移动都可以改变它的形状,而且行人穿梭其中不会被沾湿。被安置在费城市政厅的广场上,广场正下方就是地铁站。每当地下的地铁开过,地上广场就会升腾起一条约 1.33 米高的彩色薄幕,薄幕追随着地铁的行驶轨迹迅速升起又落下。费城市政厅是一个有着悠久历史的建筑,所以她选择了"薄雾"这种质感特别轻的材料,不破坏环境的历史感和肃穆感,同时用灵动的现代语言展现着城市现代化的魅力。"Pulse"被称为"城市血液循环中系统流动的X射线"。

费城一直被称为"友爱之城",费城市政厅广场上的"Pulse"作品通过创造互动体验强化了这个印象。"Pulse"进一步搭建起城市文脉和居民生活沟通的桥梁。市民在广场上通过一种诗意和艺术化的方式去体验和感受城市的"脉动"。它采用

图 3-10 脉　搏

最新的化学材料和数字科技,创新了公共艺术的互动方式,调动观众的视觉、听觉、触觉,更加全面地激发市民参与和沟通的热情。

2. 优化城市品牌形象传播媒介

城市品牌形象被受众接受、理解和喜爱依赖的是受众直接的亲身反应和感受。这需要合适的媒介使受众和城市品牌形象产生联系、发生共鸣。西英格兰大学文化研究院李斯特认为,新媒体技术产生新的媒体生产模式、传播与消费方式,新媒体环境里诞生的具有交互性、超文本特性的新文本类型会带来不一样的文本体验;电脑游戏、超文本、数字电影特效等会引发不一样的媒体消费模式;沉浸式虚拟环境、基于屏幕的交互性多媒体带来展示世界的新方式。新媒体艺术是一个数字信息系统,涉及数字化信息的编码和转码。在信息转化流动的过程中,新媒体公共艺术可以承担媒介的功能,艺术化地传递城市信息,潜移默化地形成城市品牌形象。新媒体艺术作品作为"艺术媒介",巧妙利用新媒体艺术的参与性和互动性,促进受众与城市品牌的沟通,增加城市品牌形象的感染力和吸引力。

加拿大创意团队 Lucion 创作的"moon GARDEN(月亮花园)"新媒体艺术装置

作品就是一个传递城市品牌形象的媒介。如图3-11所示,这个灯光装置由一个个半透明的球状"月亮"组成,夜幕降临,装置就开始发光,并且投影出一幕幕讲述城市历史和人文的图像。观众可以和"月亮"互动,将自己创作的文字和影像"印"在"月亮"上。城市街头的"月亮"不仅是艺术装置,也是沟通的媒介,人们在一起狂欢享受的同时,潜移默化地传递和接收着城市品牌建设者所想要表达的信息。月亮花园促成城市管理者和城市顾客的双向交流和沟通,且这种沟通是通过艺术与审美体验完成的。

图3-11 月亮花园

新媒体公共艺术增加了城市空间的趣味性,完善了城市公共空间的体验,提升了居民对城市品牌形象的认同感和忠诚度。利用新媒体技术,可以在轻松的氛围里更高效地展示和解读城市品牌形象。除此之外,还有一点值得一提的是,新媒体公共艺术的审美和互动都是大众化的,它可以融入社会各个阶层,吸引各种背景的市民在同一个现实空间内进行沟通,在这个空间里,可以同时实现城市品牌形象的组织传播、人际传播和人内传播。

三、公共艺术对城市品牌的建构与传播公众认知调查

（一）调查问卷的实施

本研究采用调查问卷的方式收集一手数据，调查对象为城市居民、工作者、旅游者、投资人等城市利益相关者。根据前文总结的 3 类影响因素，问卷共设计 50 个问项，采用李克特五级量表(5-point likert scale)进行测量和评分，从很不同意到很同意，分别记分为 1～5 分，以量化的方式探索新媒体公共艺术对城市品牌建构和传播的影响。

调研于 2018 年 12 月 1 日至 2018 年 12 月 10 日期间进行，通过"问卷星"问卷链接，在微信平台进行分发扩散，调研范围包括上海、江苏、浙江、广东、云南等南方区域。本次调研共回收问卷 473 份，有效问卷共计 462 份，有效率为 97.7％。

（二）调查对象基本信息

填写本调查问卷的男女比例分布均匀，如表 3-1 所示，49.78％的有效填写人为男性，50.22％为女性。学历程度以本科为主，54.98％的填写人教育程度为本科，研究生以上占 17.32％。本问卷主要年龄分段为 18～30 岁的年轻人，超过一半的填卷人都属于此年龄段(50.65％)，18 岁以下的未成年人占总人数的 3.25％，60 岁以上的老年人也占 3.25％。

参与调查的人员来自各行各业，包括全日制学生、销售、市场公关、企业管理者、教师、专业人员等，各职业占比较为均匀，大部分都在 4％～8％之间。除此之外，退休人员 18 人，占比 3.9％；未明确职业，勾选"其他"者 16 人，占比 2.46％。

表 3-1　调查对象基本信息

样本特征	分类标准	样本	
		数量	占比
性别	男	230	49.78％
	女	232	50.22％

样本特征	分类标准	样本	
		数量	占比
学历	研究生以上	80	17.32%
	本科	254	54.98%
	大专	72	15.58%
	高中或中专	38	8.23%
	初中及以下	19	4.11%
年龄分布	18 岁以下	15	3.25%
	18~25	81	17.53%
	26~30	153	33.12%
	31~40	97	21.00%
	41~50	70	15.15%
	51~60	31	6.71%
	60 以上	15	3.25%

本次调查问卷分发区域较广,覆盖中国 19 个省,且收到海外城市问卷 3 份(来自英国、澳大利亚和日本)。上海答卷者最多,一共 217 名,占 46.97%;其次是江苏,填卷人数 59 名,占比 12.77%。

(三) 调查对象对公共艺术及新媒体公共艺术认知状况

总体而言,填卷人总体对城市公共艺术认知良好,如图 3-12 所示,超过半数的人认为自己对城市公共艺术有一定了解,7.8% 的人对城市公共艺术不同意或很不同意。

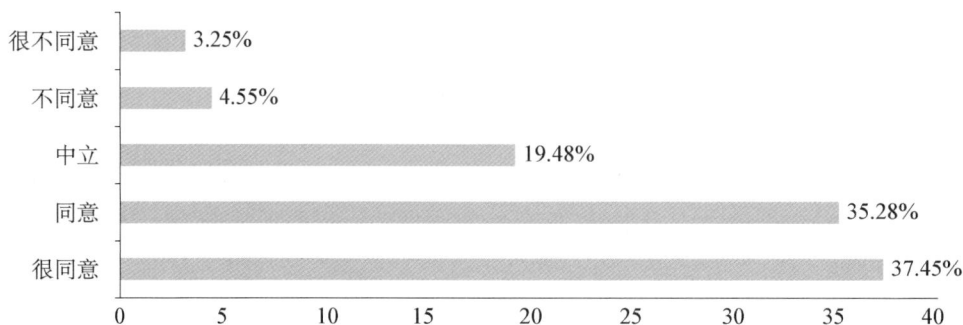

图 3-12 调查对象对城市公共艺术认知状况

填卷人对新媒体公共艺术认知状况良好,如图3-13所示,被问及是否对新媒体公共艺术有一定了解时,36.58%和36.36%的填卷人分别选择了"同意"和"很同意"。比起对公共艺术的了解程度,对新媒体公共艺术的了解程度表示"不同意"和"很不同意"的填卷人一共多了5人。

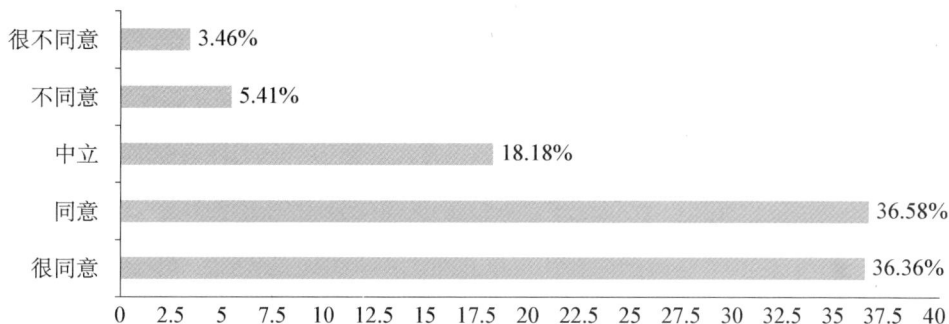

图3-13 调查对象对新媒体公共艺术认知状况

对调查问卷选取的7件具有代表性的新媒体公共艺术,填卷人呈现出较高的了解水平。如表3-2所示,对上海外滩投影灯光秀了解度最高,平均分达到了3.94。由于46.97%的问卷填写人目前居住于上海,加之2014年上海外滩新年夜踩踏事故这一事件的传播范围覆盖广、关注度高,因此这两项因素都从一定程度上增加了填卷人对外滩投影灯光秀的了解。填卷人对阿姆斯特丹灯光艺术节了解情况也较好,有40.04%的填卷人选择了"很了解"这个选项。其他几项具有代表性的新媒体装置艺术得分在3.8~3.9之间。

表3-2 对代表性新媒体公共艺术的了解状况

装置名称	平均分	完全不了解	不了解	一般	了解	很了解
芝加哥皇冠喷泉	3.89	5.41%	6.49%	16.88%	34.85%	36.36%
纽约心形装置	3.87	5.41%	8.66%	14.29%	36.58%	35.06%
上海外滩投影灯光秀	3.94	6.49%	6.49%	11.90%	36.80%	38.31%
北京"北京-记忆"装置	3.86	7.36%	7.14%	13.20%	36.8%	35.50%
杭州"金塔传奇"	3.90	6.71%	7.36%	12.34%	36.36%	37.23%
阿姆斯特丹灯光节	3.94	6.06%	7.79%	11.90%	34.20%	40.04%
奥地利林茨电子艺术节	3.86	8.44%	7.79%	10.39%	36.15%	37.23%
广州国际灯光节	3.87	6.49%	9.74%	11.69%	34.20%	37.88%

（四）新媒体公共艺术影响调查对象的城市品牌认知情况

问卷第一部分是新媒体公共艺术对城市品牌感知情况的影响调查，填卷人评价"我所知道的城市新媒体公共艺术"是否影响其对城市品牌的认知。如表3-3所示，总体来看，新媒体公共艺术对于城市顾客知晓城市品牌有一定的正向帮助，38.96%的填卷人很同意新媒体公共艺术可以帮助他们知晓城市品牌。其中，新媒体公共艺术对于城市标志Logo的认知影响最大，77.7%的填卷人对通过新媒体公共艺术认识城市品牌Logo持正向态度。Logo是城市品牌鲜明的视觉形象代表，适应多种新媒体公共艺术中的表达方式，也较为容易吸引受众的注意。新媒体公共艺术对知晓城市品牌文化也有很大的影响，此问项平均分为4.05。公共艺术是城市文化的载体之一，新媒体公共艺术生动和直观的表现形式，有助于城市顾客知晓城市品牌文化。

表3-3　城市品牌认知情况

城市品牌认知情况	平均分	很不同意	不同意	中立	同意	很同意
知晓城市品牌	3.94	4.76%	9.31%	11.9%	35.06%	38.96%
知晓城市品牌宣传口号	3.89	6.06%	6.93%	14.72%	36.15%	36.15%
知晓城市品牌标语	3.94	5.63%	8.01%	11.90%	35.93%	38.53%
知晓品牌标志logo	4.01	5.84%	6.06%	10.39%	36.36%	41.34%
知晓城市品牌定位	3.95	5.41%	6.06%	11.90%	41.13%	35.50%
知晓城市品牌特色	3.98	4.33%	5.84%	12.99%	40.69%	36.15%
知晓城市品牌文化	4.05	4.55%	4.89%	11.69%	38.96%	39.83%

（五）新媒体公共艺术影响调查对象的城市品牌理解情况

城市品牌体现和反映了城市顾客对城市各个职能的总体印象。问卷第二部分旨在了解城市顾客是否认为新媒体公共艺术可以帮助其理解城市品牌。根据调查结果，相比其他城市职能，新媒体公共艺术对于填卷人了解城市政治发展的帮助较小，如表3-4所示，虽然有38.86%的填卷人认可新媒体公共艺术帮助其了解城市政治发展，但仍有7.58%的填卷人在此问项上选择了"很不同意"，此选项在所有职能中占比最高。在新媒体公共艺术帮助城市顾客理解城市职能的调查中，城市文化服务问项平均分最高，为4.05。

表 3-4　城市职能理解情况

城市职能理解情况	平均分	很不同意	不同意	中立	同意	很同意
了解城市生活环境	3.97	4.76%	5.84%	12.12%	41.99%	35.28%
了解城市经济实力	4.00	4.76%	6.49%	12.34%	36.36%	40.04%
了解城市政治发展	3.96	7.58%	6.06%	8.01%	39.39%	38.86%
了解城市旅游资源	4.01	5.63%	5.84%	9.31%	40.04%	39.18%
了解城市文化传统	3.99	3.46%	7.79%	14.50%	34.42%	39.83%
了解城市文化服务	4.05	4.55%	5.63%	11.69%	36.58%	41.56%
了解城市整体规划	4.00	4.11%	6.06%	14.29%	37.23%	38.31%

新媒体公共艺术在促进城市顾客对城市品牌理解方面有较为明显的作用。如表 3-5 所示，超过 40% 的填卷人很同意新媒体公共艺术帮助其了解城市品牌形象和价值，这两个问项的平均分都是 4.03。城市品牌底蕴、个性和内涵的平均得分依次为 3.97、3.96 和 3.95。在城市品牌个性和城市品牌价值问项上持中立态度的填卷人稍多，都是 14.07%。城市品牌精神问项得分（3.93）稍低于其他问项，且有7.36% 的填卷人很不同意新媒体公共艺术可以帮助他们了解城市品牌精神。

表 3-5　城市品牌理解情况

城市品牌理解情况	平均分	很不同意	不同意	中立	同意	很同意
了解品牌形象	4.03	3.9%	6.93%	11.69%	37.45%	40.04%
了解品牌个性	3.96	4.11%	7.14%	14.07%	37.66%	37.01%
了解品牌精神	3.93	7.36%	5.19%	12.12%	38.10%	37.23%
了解品牌内涵	3.95	4.76%	7.58%	12.77%	37.66%	37.23%
了解品牌底蕴	3.97	4.55%	5.41%	16.45%	35.28%	38.31%
了解品牌价值	4.03	4.33%	5.19%	14.07%	36.36%	40.04%

（六）新媒体公共艺术影响调查对象的城市品牌行为情况

问卷第三部分主要了解城市顾客是否受新媒体公共艺术影响而改变想法和行为。如表 3-6 所示，新媒体公共艺术可以明显提升城市顾客对城市品牌的好感，38.1% 的填卷人表示同意新媒体公共艺术提升城市品牌好感的说法，40.48% 的填卷人选择了"很同意"这个量度。新媒体公共艺术显著增加城市顾客对城市品牌的情感共鸣和认同,这两项的平均分分别为 4 和 3.98。新媒体公共艺术从一定程度上提升了城市顾客对该城市的满意度、居住舒适度和体验愉悦性。42.86%的填卷人认为新媒体公共艺术极大地提升了城市体验的愉悦性,此结果与新媒体艺术注重体验的特质十分吻合。新媒体公共艺术的出现也增加了城市顾客在该城市的旅游或定居意愿,73.16%的填卷人对此问项表现出正向的态度。调查还显示,有78.14%的填卷人愿意向朋友推荐有新媒体公共艺术的城市。

表 3-6 城市品牌行为情况

城市品牌行为情况	平均分	很不同意	不同意	中立	同意	很同意
增加对该城市品牌的好感	4.04	4.98%	5.19%	11.26%	38.10%	40.48%
激发对该城市的情感共鸣	4.00	4.98%	6.28%	12.55%	35.83%	40.26%
增加对该城市品牌的认同	3.98	5.19%	6.28%	14.29%	33.33%	40.91%
提升对该城市的满意度	3.94	5.41%	7.36%	13.85%	35.06%	38.31%
增加在该城市居住的舒适度	3.95	5.63%	7.14%	12.99%	35.28%	38.96%
提升在该城市体验的愉悦性	4.02	4.55%	6.71%	14.07%	31.82%	42.86%
增加在该城市旅游或定居的意愿	3.95	5.63%	4.67%	16.45%	35.06%	38.10%
促使向朋友推荐该城市	4.05	4.33%	4.76%	12.77%	37.88%	40.26%

(七) 调查对象对居住地新媒体公共艺术和城市品牌认知情况

问卷最后一部分涉及填卷人对本人居住地新媒体公共艺术和城市品牌的认知状况。调查结果具体情况如表 3-7 所示,超过三分之二的填卷人(73.38%)认为其居住地有鲜明的城市品牌形象。持"很不同意"和"不同意"态度的填卷人各占6.49%,还有 13.64%的填卷人持中立态度(见图 3-14)。

表 3-7 居住地城市品牌认知情况

居住地城市品牌认知情况	平均分	很不同意	不同意	中立	同意	很同意
我所生活的城市有鲜明的城市品牌形象	3.90	6.49%	6.49%	13.64%	37.23%	36.15%
我理解所生活城市的品牌文化	3.96	5.63%	7.36%	12.55%	40.04%	34.42%

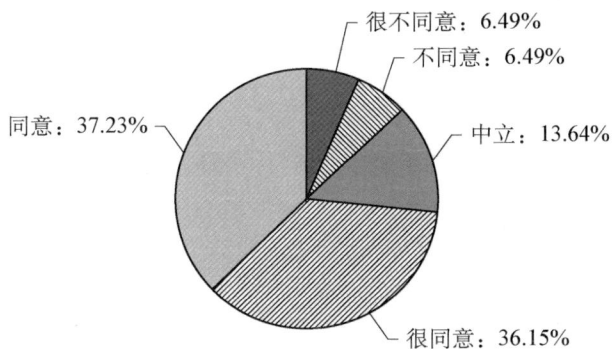

很不同意：6.49%
不同意：6.49%
中立：13.64%
同意：37.23%
很同意：36.15%

图 3 - 14　有鲜明的城市品牌形象

填卷人对其居住地城市品牌文化理解情况良好。如图 3 - 15 所示，大部分人（40.04%）认为他们很理解所生活城市的品牌文化，34.42% 的填卷人对居住地城市品牌文化了解持"同意"态度。60 名填卷人对城市品牌文化了解持负向态度，占总人数的 12.99%。

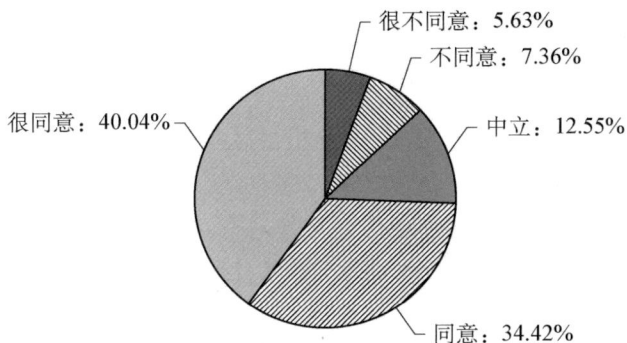

很不同意：5.63%
不同意：7.36%
中立：12.55%
很同意：40.04%
同意：34.42%

图 3 - 15　理解所生活城市的品牌文化

问卷还调查了填卷人居住地是否有新媒体公共艺术，结果如图 3 - 16 所示，参与调研的 462 人中，421 人居住在有新媒体公共艺术的城市，占总调查人数的 91.13%。21 人的居住地没有新媒体公共艺术。20 人不确定其居住地是否有新媒体公共艺术。

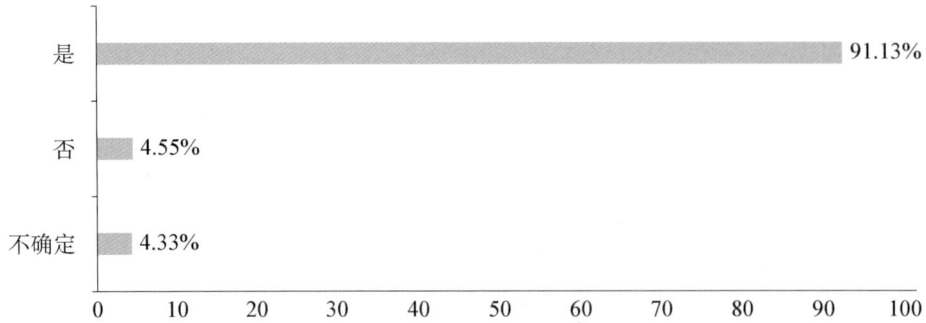

图 3-16 是否有新媒体公共艺术

在居住地有新媒体公共艺术的 421 位填卷人中,本问卷调查了他们对于居住地新媒体公共艺术的认知和态度。调查显示新媒体公共艺术接受度良好(见表 3-8)。其中,37.77%的填卷人很同意"了解所在城市的新媒体公共艺术"问项,78.15%和 79.33%的填卷人分别认可和欣赏其所在城市的新媒体公共艺术。

表 3-8 居住地新媒体公共艺术认知和态度情况

居住地新媒体公共艺术认知和态度情况	平均分	很不同意	不同意	中立	同意	很同意
了解所在城市的新媒体公共艺术	4.08	3.33%	4.99%	12.59%	41.33%	37.77%
认可所在城市的新媒体公共艺术	4.07	4.99%	2.85%	14.01%	35.87%	42.28%
欣赏所在城市的新媒体公共艺术	4.00	4.28%	4.04%	12.35%	38.95%	40.38%

此外,问卷还调查了城市顾客对新媒体公共艺术的态度。如图 3-17 所示,462 位填卷人中,有 188 位很同意"如果我生活的城市中有新媒体公共艺术,我可以

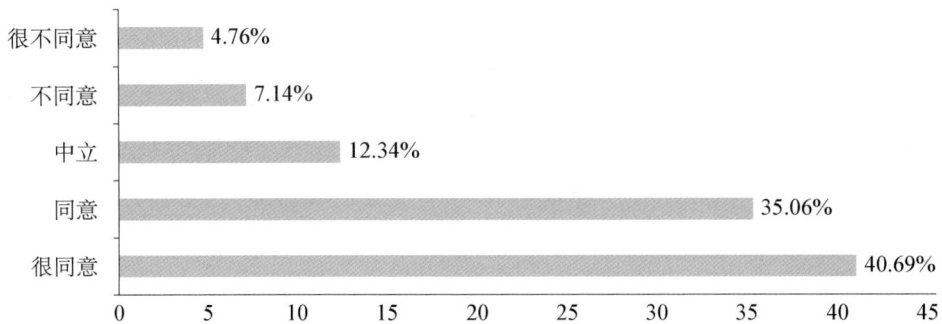

图 3-17 城市顾客对新媒体公共艺术态度

更好地了解城市品牌",占总人数的40.69%。162人表示同意该说法,占总人数的35.06%。持中立态度的有57人,占12.34%。有33人选择了"不同意"该说法,22人表示"很不同意",持负向态度的填卷人占总人数的11.9%。

(八) 小结

本节通过对调查问卷的分析,探讨新媒体公共艺术如何影响城市品牌的建构与传播,问卷涉及了公众对此议题的认知、态度和行为。从问卷结果来看,无论是哪个方面,绝大部分填卷人都极大地肯定了新媒体公共艺术对城市品牌传播与建构的贡献。不管所居住的城市是否有新媒体公共艺术,75.75%的填卷人认为如果其居住地有新媒体公共艺术,可以提升他们对城市品牌的认知和理解。相关具体研究结论如下:

(1) 城市新媒体公共艺术可以帮助城市顾客对城市品牌产生初步认知,包括知晓城市品牌概况,城市品牌宣传口号、标语、标志等。除此之外,新媒体公共艺术也可以帮助城市顾客知晓城市品牌定位、特色和文化。城市新媒体公共艺术是城市公共艺术的一部分,也是城市文化景观的一部分,它不仅仅是城市品牌的视觉展示,还通过五感全方位的创造体验,自然而然地在城市顾客脑海中留下印象。

(2) 城市新媒体公共艺术可以帮助城市顾客全面地了解城市品牌,包括城市的生活环境、景观、经济发展水平、发展潜力、政府工作和服务、旅游资源、文化传统、文化基础设施和服务以及整体规划。新媒体公共艺术也明显有助于城市顾客了解城市品牌形象、个性、精神、内涵、底蕴和品牌价值。城市品牌的建构和传播就是城市顾客逐渐了解城市品牌的过程,这一过程中,新媒体公共艺术是一个有效的沟通方式。

(3) 城市新媒体公共艺术可以影响城市顾客对城市品牌的行为,包括增加城市品牌好感、激发城市情感共鸣和对城市品牌产生认同,城市新媒体公共艺术也可以从一定程度上提升城市顾客的城市满意度、居住舒适度、城市体验愉悦性,从而增加城市顾客在该城市旅游或定居的意愿,并促使其向朋友推荐该城市。城市品牌建构和传播的目标是增加城市顾客对品牌的认同并改变城市顾客的行为,吸纳更多有利因素,例如投资、文化资源和消费等,从而提升城市综合竞争力。新媒体公共艺术可以帮助城市实现这一目标。

第三节　城市品牌形象宣传片

一、城市形象宣传片概况

（一）城市形象宣传片的界定

城市形象宣传片有许多的称谓，如城市形象片、宣传片、形象专题片等，是一种将城市向大众推广的有力传播工具。狭义上说，城市形象宣传片是由政府部门主导的宣传推广短片，将城市最美好与独特的自然景观、历史文化、城市建设、投资环境、民生百态等展现给居民、游客与投资者，其长度一般不超过 30 分钟。广义上，城市形象宣传片是一种以城市主题元素为基点，表达城市特有形象，结合声光影调进行创作的一种影视艺术作品。其目的就是实现城市形象的推广和城市品牌的创立，以提升城市整体的竞争力。

（二）城市形象宣传片的功能

1. 增强本地居民的凝聚力

市民是构成城市的主体，是城市品牌理念凝练的重要参与者，是城市品牌形象建设的具体执行者与"表演者"，他们的生活状态与风俗习惯是城市文化的独特风景线。任何一个城市即便是以旅游业为支柱行业的城市，若脱离了本地居民所提供的服务与文化呈现，那也必然是难以为继的，因此本地居民依然是城市形象宣传的重要目标人群。一方面，市民通过宣传片看到城市中有千千万万个和自己一样的人，在默默无闻、勤勤恳恳地为城市奉献自己的力量，而城市正在通过无数个"自己"的努力变得更加美好，让市民产生自豪感与认同感，从而增强市民的凝聚力。另一方面，本地居民每日忙于工作与生活的烦琐细节中，难以发现身边的美，而城市宣传片正是为市民提供了审美的视角，使他们豁然发现自己所生活的城市居然有这么多自己所不了解的魅力，可以增加居民与城市的情感联系与沟通。

2. 吸引外地旅游者

旅游产业是可持续发展的绿色经济业态，是一个包含旅游业、交通客运业、娱乐业和住宿业等多种行业的产业群，同时又直接或间接地推动商业、饮食服务业、邮电、轻工业、园林等的发展，促使它们不断改进完善各种设施、提高服务质量，带动当地经济的发展，因此又被称为"无烟工业"。旅游产业的巨大利益使许多城市以吸引旅游者作为城市品牌宣传的重要目标，例如新加坡城市品牌宣传片围绕主题"你的新加坡"，展现了一对情侣游客在新加坡的旅游体验，短片将新加坡的自然环境、建筑风貌、人文艺术等特色呈现在观众面前（见图 3-18）。

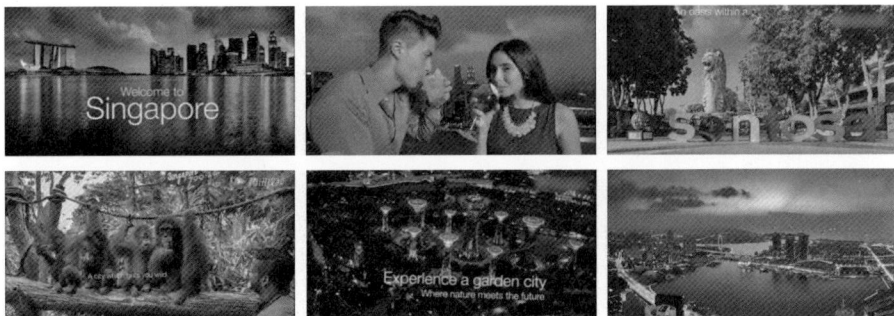

图 3-18　新加坡宣传片

3. 吸引投资与人才

城市宣传片将一座城市的缤纷繁华、现代开放或山清水秀、地灵人杰等美好的一面充分展现给观众，能够提升城市的魅力和美誉度，或转变他人对于城市的陈旧印象，起到传播和推广城市品牌形象的作用。如苏州长久以来给人的印象是有着浓厚文化积淀的温婉的江南古城，而其宣传片中闪现的现代建筑、高科技园区等画面让人对苏州产生新的认识。城市通过宣传片显示出自然资源、地理环境、城市规划、历史文化、管理制度、公共服务、人才储备等方面的优势，也就能够吸引对这个城市的未来与发展具有信心的投资者与人才，从而为城市注入新的活力，促进城市整体氛围与实力的改良、提升，形成良性循环发展。

4. 强化城市品牌特色

每个城市都有其自身特色与优势，但这些特色、优势未必能够在大众心目中形成鲜明的印象与直观的认识,即便是"桂林山水甲天下"这么令人耳熟能详的语句也有些过于抽象,使未到过桂林的人难懂桂林之美。2000年昆明为了展示城市形象在央视播出了"彩云之南"主题宣传片,以其优美的自然风光、独特的少数民族文化、浓郁的色彩光影给观众留下了深刻印象。

二、中国城市品牌宣传片的发展

(一) 快速发展的中国城市宣传片

随着我国经济文化的发展,我国的城市建设也渐渐伴随着大城市的崛起而进入一个突飞猛进的阶段。根据国家统计局城市司数据,截至2016年末,中国城市数量达到657个,地级以上城市户籍人口4.5亿左右,常住人口城镇化率已经达到57.4%,城镇化规模位居全球第一。有专家预测到2025年,我国一百万人口以上的城市将会达到210个左右。由此可见,中国城市化的发展势头在持续升温,并且由于城市化进程的加快,城市对于人才、资源、旅游、吸引投资等方面的渴求,需要更好地宣传自己的城市形象和地理优势,我国许多的大城市已经开始了城市品牌建立的探索之路。

1999年,山东省威海市着眼于城市记忆和城市特色推出了中国第一部城市宣传片《中国威海》,重庆电视台推出城市宣传片《有声有色》。2001年,大连在央视国际频道大力推广"浪漫之都",并在全国14个城市电视台旅游节目联播中宣传旅游。2004年,中央电视台举办了首届"CCTV中国魅力城市展示"评选活动,近百座城市报名参与,其中10座城市获得了"2004年度中国魅力城市"称号。活动展示期间,中央电视台通过电视镜头把这些城市的魅力展现给观众,节目播出之后参评城市的旅游人数大大增加。如山西省长治市的当年旅游人数超出了往年的三倍多,这些早期的城市宣传片成为建设城市品牌形象的有效方式。同年,中国广播电视学会、中国市长协会等联合主办了第一届"中国国际形象片展"。这些成为中国城市形象宣传片最初的探索。

与此同时,信息在人类社会中的传播方式、传播媒介随着社会的发展和科技的进步也发生着日新月异的变化。新媒体的流行,传统报纸、电视产业的衰落无不影响着信息传播的深度和广度。

自 1999 年第一部城市宣传片诞生至今,已经经历了 19 年,当中诞生了许许多多的作品,许许多多城市在建立自己品牌形象上做出了努力。然而城市宣传片数量激增,带来的势必是大量的粗制滥造,当然当中也不乏精品,但总体而言乏善可陈,我国目前城市宣传片现存的问题主要集中在同质化、缺乏创新、定位偏差等方面。在观赏了大量的城市宣传片后我们发现,许多甚至大部分的城市宣传片都有一定的"套路",从城区到郊区、从高楼大厦到自然风光、从忙碌的西装革履到悠闲的乡村垂钓,缺乏新意,做不到让观看者眼前一亮,达不到预期的宣传效果。

结合时下宣传片所产生的以上问题以及城市化进程和自媒体飞速发展的大背景,这个选题就有了研究对象和重要意义。

(二) 中国城市宣传片存在的问题

诺贝尔经济学奖得主约瑟夫·斯蒂格利茨曾表示,21 世纪之初影响世界的有两件事:一件是美国的信息化,另一件是中国的城市化。随着中国经济的发展,中国的城市建设也处于一个日新月异发展的状态。同样,经济的高速发展也离不开城市这个主要载体。为了在这个日新月异的社会中保持自身的竞争力,大部分城市已然开始自身城市品牌的营销,在这个高速发展的时代,如果没有城市品牌的推广营销,很难吸引投资、贸易、旅游、人才,而这些恰好是一个城市保持与发展自身竞争力的重要保证。

城市形象宣传片通过富于视觉冲击力的影像来展现地域文化特色,在树立城市形象方面发挥重要作用,甚至是在一些重大主题活动,如奥运会、世博会等宣传方面也起着重要作用,成为一个城市或地域文化宣传的"视觉名片"。但是风光无限的城市宣传片并非无可挑剔,随着时间的沉淀一些问题不断被暴露出来。

而经过对目前国内外大量现存的城市宣传片的研究和归纳,大部分的城市宣传片都存在着以下的问题:①内容同质化,缺乏特色,很多城市宣传片都是照搬优秀案例的套路,而不根据自身的特点进行宣传片内容风格的定制,从而忽略了自身的优势。②表现内容贫乏和内容同质化有着类似的原因,许多城市将不适合表现自身特点的形式生搬硬套到自己身上,无法很好地表现自身的特点与所长,仅仅停留在表面的标新立异而缺乏深刻的内涵。③传播手段过于局限,许多城市宣传片的传播渠道还局限于传统的电视、地铁、公交站台等,而在自媒体飞速发展的今天,需要利用好微信、微博等浏览量大、传播迅速、传播广泛的平台来增加宣传的广度和深度。

本节对大量现有国内外的宣传片进行划分、归纳、比较与总结,得出各种类型的宣传片的优势与不足之处,这样就可以根据不同城市的特点和所期望的宣传效果选择合适的类型进行城市宣传片的创作,能够提高城市宣传片的品质,优化资源的配置,少走弯路,更好体现城市宣传片的价值。

三、中国城市形象宣传片的分类

城市宣传片经过了十多年的发展,出现了多种多样的形式和类型,下面将依据表现方式、镜头语言和宣传定位进行城市宣传片类型的划分。

(一) 按表现方式划分

第一类是旁白叙述型,是以画面为主,通过配上旁白加以说明,配上音乐增加意境来展现城市整体风貌的表现形式。例如武汉城市宣传片《大城崛起》(见图3-19)就是以这种形式来展现的,整片结构分为4块,分别从自然地理环境、国际交流项目、工业发展现状和城区面貌4个方面来叙述。旁白叙述型宣传片阐述清晰,以理性诉求为主,能够将需要传达的信息准确无误地告知观众,但若应用不当则会陷于解说冗长、内容烦琐的窘境,令观众难以全神贯注地观看。

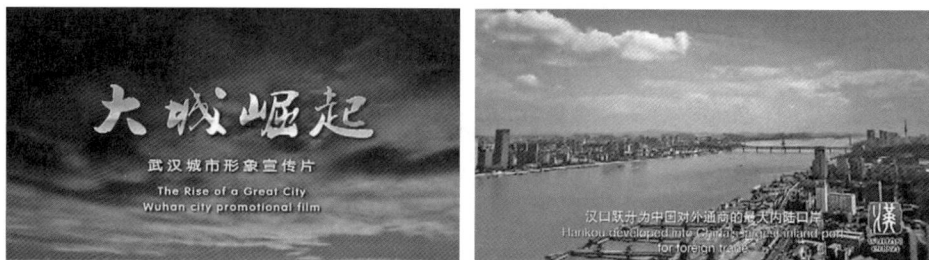

图3-19 武汉城市宣传片《大城崛起》

第二类是音乐 MV 型,通常是以抒情为主,配以音乐演唱的方式来呈现的宣传片。最具有代表性的就属 2008 年北京奥运会的《北京欢迎你》(见图 3-20),请到了大量知名的演员和歌手,以北京的风景名胜为背景每人演唱一两句歌词,其中部分镜头中歌手参与体验北京当地的传统工艺,利用美妙的歌声和奥运会这个契机,将北京这个城市品牌推向了全世界。音乐 MV 类型的宣传片主旨明确,借助余音绕梁的歌声与明星效应很容易广泛流传,属于以情感诉求为主的宣传片形式,但在信息内容的传递方面也往往较为局限。

图 3-20　北京城市宣传片《北京欢迎你》

第三类是画面叙述型,是完全利用有画面而无人声的方式来表现城市,这也是近年来最为流行的表现手法。这种无人声的叙述形式直接利用了影像的魅力,让观众在画面的引导下去体会和感受影像所要表达的概念。在主题叙事上,此类宣传片可以比旁白叙述型更加感性,同时又比 MV 类型的宣传片更具有理性阐述的逻辑。但是,没有了语言文字内容的辅助,则需要拍摄者有良好的表现能力,通过无声的叙述来浸润人心。

正如厦门在 2017 年发布的城市形象宣传片《We are 厦门》(见图 3-21),全片

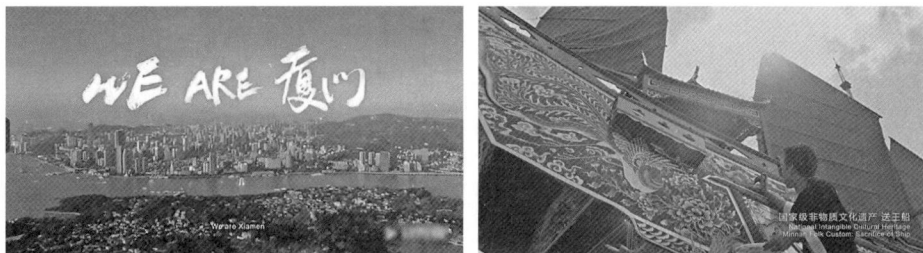

图 3-21　厦门城市形象宣传片《We are 厦门》

以图像的形式来呈现,在难以表达的地方辅以文字加以说明,通过精美的画面和震撼的视觉冲击力来展现厦门人与城市在自然、旅游、人文、工业及教育等方面的和谐关系。

(二) 按宣传定位进行划分

一座城市的功能是多元的,其宣传片面向的人群也是多样化的,因此可以从不同的角度选择不同的定位。针对旅游市场的宣传片,可能更多地宣传自己的风景名胜,一般由城市政府或旅游主管部门牵头,对城市的主要景观做游历性扫描;针对招商引资的宣传片,更多地宣传政府对这方面的支持和未来的发展蓝图;针对人才吸引的宣传片则更多宣传环境宜居和教育资源丰富;而综合形象的宣传片可能会综合上述两个或两个以上的方面进行宣传。

在进行宣传片的创作时,要在深入挖掘城市内涵的同时,抓准宣传片的定位,不然会造成"偏题"的现象。

四、城市形象宣传片的多模态隐喻与转喻

(一) 城市形象宣传片的隐喻与转喻

随着数字媒体技术的广泛使用和日益发展,我们已经进入"视觉化"的读图时代,越来越多的信息依托于图像、影像等非文字的形式进行传播,因此"多模态语篇分析"顺应潮流成为当前语言学的热点之一。

1. 隐喻的定义与发展

隐喻的概念由亚里士多德最先提出,他称隐喻为"一种修饰性的语言形式"。哈利迪于 1978 年在《作为社会符号的语言:从社会角度诠释语言与意义》一书中提出语言的三大元功能:概念功能、人际功能和语篇功能。概念功能是表达讲话者的亲身经历和内心活动的功能;人际功能是表达讲话者的身份、地位、态度、动机和他对事物的推断、判断和评价等功能;语篇功能指语言具有组句成篇,组织和传递信息的功能。莱考夫于 1980 年提出概念隐喻,认为人类的概念系统以隐喻为基础,隐喻的本质是通过另一种事物来理解和体验当前的事物,由此隐喻的研究进入

认知领域。

克雷斯和范莱文于 1996 年将哈利迪的三大元功能延伸到概念图像的领域,创立了视觉语法体系,提出了再现意义、互动意义和构图意义 3 种意义模式。其中,再现意义包括叙事和概念两种;互动意义由接触、社会距离、态度和情态 4 个要素构成;构图意义包含信息价值、显著性和框架 3 个原则。三大意义模式的提出为分析图像提供了可靠的理论视角。

2. 多模态隐喻与转喻的定义与研究现状

模态是包括语言、技术、图像、音乐等符号系统在内的信息交流的渠道和媒介,可分为单模态和多模态,单模态指只用一种模态来呈现的隐喻。福塞维尔发表的《广告中的图像隐喻》一书则将隐喻研究逐步推向多模态化,并在《多模态隐喻》一书中将多模态隐喻定义为源域和目标域分别用不同的模态来呈现的隐喻。国内外对多模态隐喻的研究热点存在重叠但又存在一定的差距,朱永生、冯德正、张德禄等学者相继发表了多模态理论模型和框架的探索,但国内外尚未建立一套系统、权威、全面的多模态隐喻理论体系。以张辉、展伟伟为首的几位学者相继围绕多模态研究领域针对不同方向的语料展开了研究尝试,目前已经涉及的领域包括即席话语、漫画、音乐、电影、广告等,宣传片亦是其中之一。

多模态转喻则是用一种实体代替另一实体的认知机制,是在同一理想化认知模型中,一个概念实体(转喻喻体)为另一个概念实体(目标实体)提供心理通道的认知过程。它和隐喻的作用机制有类似之处,都是从源域向目标域的影响,但两者的映射原则不同,转喻的映射原则基于临近性,而后者基于相似性。

福塞维尔将模态定义为"利用具体感知过程可阐释的符号系统",因此人的五感与各个模态是息息相关的,主要通过最直接的视觉和听觉实现,细分的物理形式包括书面文字、有声话语、静或动态图像、音乐、非语言声音及手势。在城市形象宣传片中,通常能够运用多种模态调动观众的感官、传达更丰富的概念,因此是一个较好的多模态语篇材料。

(二) 雄安新区形象宣传片

外交部推出的雄安形象宣传片的核心主题是"雄安是一座未来之城",从智能之城、创新之城、绿色之城 3 个方面高度概括了正片内容,并配以精美的画面和激昂的音乐,阐述了这座未来城市的战略重要性、运行模式、管理模式、发展方向、未来前景等重要概念,同时也传达了这座城市欣欣向荣、未来可期的情感要素。

以多模态隐喻理论作为基础,从认知层面分析雄安新区形象宣传片中的多模态元素和架构,研究作者如何在雄安新区形象宣传片这一多模态隐喻语篇中,通过隐喻和转喻传达思想,建立人们对雄安新区的认知。能够帮助观众更好地欣赏理解该视频,为研究者提供一条多模态视角下宣传片的认知建构的探索经验,提供一份便于后续研究人员继续探索的新的语篇材料。

1. 宣传片名称

雄安新区形象宣传片的片名为《新时代的中国:雄安 探索人类发展的未来之城》,体现了雄安的重要战略意义和地位,首先说明它的诞生代表了新时代的中国未来的发展方向,随后指出这座城市的重要意义是探索人类发展,从中国的领域扩大到人类的领域,体现了这座城市建立之初的雄心壮志。

2. 宣传片内容

雄安新区形象宣传片分为 3 个部分:

第一部分,引出并介绍雄安新区的历史地位。短片画面从宇宙中的地球开始,逐步定位到雄安,紧接着用壮观的航拍景观将观众带入雄安的秀美风光;随后切入习近平总书记在党的十九大上的讲话,阐述了这个城市对北京、对中国乃至对世界的重要地位和战略意义;然后通过一个不断弹奏钢琴的形象隐喻中国不断发展的概念,贯穿 20 世纪 80 年代看深圳、90 年代看浦东、21 世纪看雄安的 3 个篇章,展示了前两个篇章的蓬勃发展成果,并用朝露和荷花的景象展现雄安的蓬勃生机。一方面使观众通过一个循序渐进的铺垫来理解,另一方面也表达了雄安会像前两个新区一样成功的美好愿景。

第二部分,展现雄安新区的远景规划。从京津冀协同发展战略入手,从 3 个城市的画面展现京津冀地区的发展面貌。以习近平总书记到河北考察的画面开始,转入习近平总书记在雄安规划建设座谈会上的讲话,结合城市建设设计图阐释了雄安新区的具体建设目标和规划;然后以白洋淀景象为楔子,棋手下围棋为线索,通过丰富的高新产品画面和美丽的乡村景象介绍了"一主五辅多节点"的空间格局和具体功能;随后短片将雄安定义为"智能之城""创新之城""绿色之城",传达了雄安新区的 3 个特色;此外还引入了智能化立体绿色交通的介绍和城市设计规划师彼得·贝伦斯的采访。

第三部分,展望雄安美好的未来。通过新生儿走向母亲的步伐、外国儿童的雀跃、国际友人在游湖时的笑脸、自行车运动员的身影、雄安新区的俯瞰图等多种图像塑造了一个立体的生机勃勃的雄安。通过孩子在碧绿的草地上奔跑着掷出的纸飞机,飞越白洋淀,飞越湖光山色,飞越代表科技创新的数字城市,飞向灼灼燃烧的耀眼太阳这一景象,展现出具有无限发展潜力的新区形象。最后定格于用多张雄安未来景象拼成的雄安二字。

(三) 雄安形象宣传片的多模态隐喻与转喻语篇意义的认知建构

1. 多模态隐喻建构城市形象

雄安新区形象宣传片通过影像、音乐、文字等多种模态共同构建了多模态语篇。通过各种不同的元素和符号,构建了概念隐喻。本片的主线为"雄安是中国发展进程中一个时代的标志",00∶30 处的台词"一个时代有一个时代的标志"指出了这一概念。这一概念通过多种不同的隐喻体现。

片中多次出现一位弹奏钢琴的乐师的画面,首次出现于 00∶46～00∶47,乐师出现在广州的图像中,并给了一个弹琴的特写,在钢琴上映现的是广州的城市建筑群。乐师第二次出现在 00∶55～00∶57 处的上海著名建筑顶楼,特写弹琴的手势速率加快。乐师最后一次出场在 7∶20～7∶23,介绍完雄安的具体情况之后,乐师出现在白洋淀湖泊之上,身边出现了一名伴舞的芭蕾女演员,随后芭蕾女演员在一幅充满生态自然感的荷花画卷上起舞。同时这三处的背景音乐依次加强,视觉、听觉等模态共同塑造了"雄安新区是乐章"的隐喻,将雄安新区的建设喻为新中国建设这一乐谱中的一个章节,并且比之前的两个乐章(深圳、浦东)更为雄壮和华丽,以此传达了雄安新区的建设背景、里程碑意义和比以往更加辉煌灿烂的未来(见表3-9、图 3-22)。

表 3-9　"雄安新区是乐章"的隐喻映射

源域	映射	目标域
乐师弹琴	→	新中国的建设
乐师在深圳、浦东、雄安弹琴	→	深圳、浦东、雄安的发展
乐师的弹琴节奏逐渐加快	→	新区的建设逐步加快
乐师边上出现伴舞的女演员	→	雄安的建设将会有更加辉煌灿烂的未来

图 3-22　"雄安新区是乐章"的隐喻

　　除了主线隐喻,本片还辅以各种不同的副线隐喻,突出不同的重点。展现了雄安新区规划完善、蓬勃发展、前景光明的城市形象。宣传片中多处出现了棋手下棋的画面,这些画面集中在介绍雄安新区"一主五辅多节点"的空间格局和具体功能时出现。在给一个棋子特写之后,逐渐显现出"雄安"这个节点,将雄安新区的布局喻为一盘精妙的棋局中重要的一子,众多棋子的画面结合"重点发展人工智能、信息安全、量子技术、超级计算等尖端技术产业""布局电子信息、生命科技、文化创意、军民融合、科技研发等高端高新产业"等台词将这些精妙布局喻为棋盘上重要的棋子,最终呈现出一盘完整的棋局。围棋历来在我国历史上代表着运筹帷幄、计算博弈的意象,也能使观众更好地体会到雄安新区经过了深思熟虑的布局的概念(见图 3-23)。

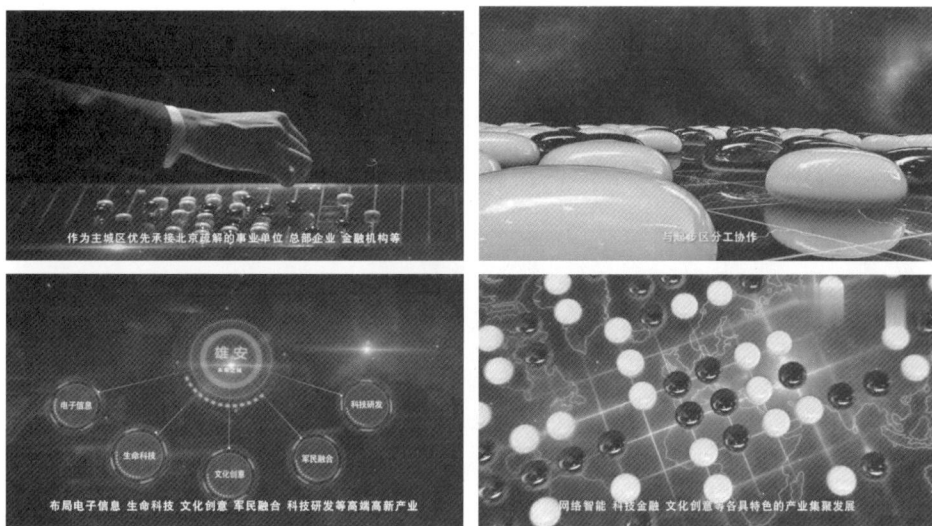

作为主城区优先承接北京疏解的事业单位 总部企业 金融机构等

与周边各区分工协作

布局电子信息 生命科技 文化创意 军民融合 科技研发等高端高新产业

网络智能 科技金融 文化创意等各具特色的产业集聚发展

图 3-23　布局雄安隐喻

　　此外还有一些较为零散的隐喻,如"雄安新区的发展如新中国的朝阳"通过太阳从长城上升起的景象传达雄安对于中国的重要意义,朝阳的隐喻也同样运用在展现深圳、上海蓬勃发展的图像中(见图3-24),如"灯光是希望",用闪烁的灯光和幻化而成的金光展现雄安新区的生机;如"雄安新区是初生的婴儿",用婴儿吮指而

在迈向中华民族伟大复兴的征程中

一个时代 有一个时代的标志

广东深圳迅速发展成为繁华都市

图 3-24　朝阳隐喻

笑和走向母亲的蹒跚脚步体现新区的崭新起步。这些主线隐喻和副线隐喻主要通过图像、语言和音乐3种模态来呈现,根据语篇的不同章节,分别凸显了雄安新区的重要地位、布局精巧、未来辉煌等城市形象(见图3-25)。

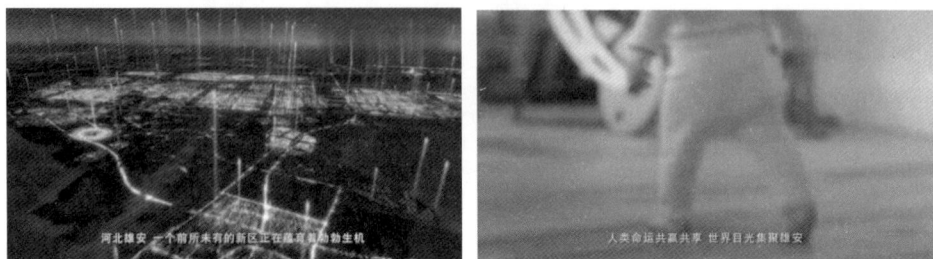

图3-25　灯光与婴儿隐喻

2. 多模态转喻建构城市形象

除了上述的多模态隐喻,雄安新区宣传片也采用了一系列多模态转喻的手法来更为深入地刻画城市形象。转喻是指当甲事物同乙事物有密切关系时,可以利用这种关系,以乙事物的名称来取代甲事物。热奈特从西方古典修辞学中借用了转喻概念,使其演变为叙述学意义上的"转叙",转喻的重点是在"联想",而不是在"相似"。

本书关于转喻的分析主要建立在杨洋、唐婧等提出的转喻模式基础上。在宣传片中,视觉模态承担了主要的源域概念参照点,本节将针对宣传片中出现的多种图像符号逐一进行转喻分析(见表3-10)。

表3-10　雄安新区宣传片中多模态转喻分析

转喻模式	源域	目标域
以部分代替整体	雄安代表性城市建筑、地貌(稻田、湖泊)、白洋淀	雄安新区
	深圳俯瞰图、标志建筑	深圳新区
	外滩、高楼、环贸大厦	浦东新区
	生机勃勃的荷花池、清澈的水质	绿色的生态环境
	颐和园	北京
	天津大桥	天津
	河北的建筑	津京冀中河北省部分

转喻模式	源域	目标域
次要事件代替复杂事件	精细机器的运转	工业的发展
	港口的货运	贸易的发展
	火车高速行驶	交通的发展
	北京车流飞速行驶	雄安计划的推进
	指挥员用望远镜看远方	擘画河北雄安未来之城
	雄安规划建设座谈会、十九大上的讲话	国家对雄安新区的重视
具体代替抽象	国旗、国徽、国家领导人、长城	中国、中央
	高楼林立	都市现代化发展
	外国人	国际化
	密集的楼栋	"大城市病"
	雄安新区规划图、地图	雄安新区的规划
	理想的城市面貌设计图	雄安新区未来的面貌
	蓝天白云、碧水荷花	宜居生态
外显代替情感	孩子捕鱼的身影、白鹭的叫声	人与自然和谐相处
	孩子的笑脸	活泼快乐、生机勃勃
	睁眼的动作、聚焦的眼神	向前看、充满信心
单个实体代替总体	李晓江、彼得·贝伦斯	京津冀发展协会、设计团体
	百度无人驾驶系统 Apollo	百度
	马云、马化腾	阿里巴巴、腾讯
	书法、绘画	传统文化
	VR、云、电子投屏	尖端技术产业
	农田、瓦房	特色小镇、美丽乡村
	芯片、电路、BIM 地下网管、透明雄安数据平台	智能虚拟城市
	电梯、数字、智能机械	腾讯创新平台
	一个家庭	千千万万个家庭

3. 雄安城市形象宣传片中的架构分析

每个城市宣传片的主题和理念各不相同,本片着重渲染了雄安是"未来之城"的理念。在整个宣传片中用"千年大计""征程""人类史""最美的图画"等词,勾画出一个蓄势待发、生机勃勃的城市形象。在视觉上,多次使用航拍图像,高速行驶的列车与飞机、上升滑翔的纸飞机、绽放的花朵、快速流通的电流,这些高速、向上、积极的元素都与未来雄安将会发展得越来越好的形象相契合;在听觉上,本片选取了从平缓逐渐转向激昂的音乐。这些隐喻从不同的角度，多次重复地向观众暗示了"美好未来"的城市形象，不仅丰富宣传片的内容，满足观众的审美需求，也很好地传递了雄安的城市形象。

（四）雄安新区宣传片构建城市形象的策略分析

雄安新区形象宣传片巧妙地运用了文字、图像、音效、音乐等元素共同塑造了雄安"未来之城"的形象，有效地传播了城市的定位、特色、发展战略，达到了塑造城市品牌的作用。上文关于本宣传片的多模态隐喻分析，透射出雄安新区宣传片建构城市品牌的策略。

1. 关联定位法

通过与其他成功城市发展案例相关联塑造城市美好愿景。本片的开头紧紧抓住国家战略对于雄安新区的定位，将深圳、浦东两个已经成功发展起来的国家新区与雄安贯穿在同一个发展轴线上，说明雄安将会像 20 世纪 80 年代的深圳和 90 年代的浦东一样获得巨大成功。已成功的城市建设情景能够给予观众一个可靠、可信任、有希望的形象，通过与这些城市相关联将观众对这些成功城市的情感转移到新的城市上。

2. 特征彰显法

通过城市独特的地貌特征或地标建筑宣传城市形象。独特的地貌特征是城市形象构建的重要元素。一些特有的地貌或建筑甚至可以成为旅游资源为人们所熟知，既可以利用这些具有影响力的特征作为源域来映射城市本身，达到直接反映城市风貌的目的，也可以通过选择不同的源域来体现不同的城市内涵，达到体现更加复杂的抽象概念和精神的作用。

例如雄安形象宣传片中多次出现的白洋淀荷花塘，一方面直接反映了雄安地区的秀美风光，另一方面通过荷塘中孩子的欢声笑语、飞鸟的鸣叫、腾跃的鲤鱼等，塑造了雄安生态良好、人与自然和谐相处的形象。

3. 情感投射法

通过图像、拍摄角度和音乐宣传城市形象。积极向上的图像、从低到高逐步抬升的拍摄视角和逐渐激昂的音乐，都映射了"上"的方位隐喻。"向上"的概念总是给人以正面、积极、希望、发展的感觉。在宣传片中初升的太阳、向上升腾的光、鲤鱼的跳跃、孩子的欢腾、纸飞机的飞翔、向上的眼神、父母将孩子高高举起、飞机的起飞都映射了城市的正面形象。

五、城市形象宣传片创作误区及解决办法

（一）城市形象宣传片创作过程中存在的主要问题

1. 形式雷同，元素概念同质化

"幸福的家庭都是相似的；不幸的家庭各有各的不幸"，城市宣传片面临的就是"幸福家庭"的问题，即各个城市希望展现给公众的自身美好的一面都是非常相似的，大多是碧水蓝天、高楼大厦、具有地方特色的文艺表演、儿童纯真的笑脸等，但是当这些视觉元素复制似地出现在各个城市的宣传片中时，却会导致宣传片的形式雷同，所传递的概念与采用的元素严重同质化，结果是受众难以区分以及记住这些宣传片的内容。

2. 定位不清晰，信息呈现大而全

为了尽可能全面地展现城市风貌与精神，不少宣传片都想做的"高大全"，一条短片中融汇进去城市的历史、文脉、自然景观、城市建筑、发展潜力、政策优势、宜居宜业等，既要体现出城市发展中的历史与沧桑，又要呈现新时代新机遇带来的天翻地覆的变化，还想展现出现代都市具有的方方面面的优势，但这种"全面"恰恰使城市的特色被淹没。在信息爆炸的时代，大量同质化的信息让受众难以分辨，只有特征鲜明的内容才能使受众产生深刻印象。如果对城市的定位有清晰的认知，在信息传播时就会明确宣传片的真正诉求，知道哪些内容是需要重点强调的，哪些可以略过。

为什么《北京欢迎你》能够被人们记住、接受并传唱？很重要的一个原因就是诉求单一，虽然在短片的背景中也出现了北京的城市建筑、古代遗存、传统艺术、人居生活，但众多演唱者核心表达的只有一件事，即对来自世界各国的人们表达最热情的欢迎。

3. 浮光掠影，城市内涵挖掘不足

城市宣传片的时长有限，而承载的信息量过大，与之对应的是对于城市内涵的

挖掘不够充分,每一个侧面都是点到即止,缺乏深入的探讨与品读。一些宣传片过于追求视觉的美感而失去了真实感与生活的味道,会使外地观众产生疏离感,难以融入其中。而本地居民也会觉得过于美化而不够真实,换而言之就是"不接地气"。对于城市宣传片来说,深入挖掘城市的内涵,寻找它独特的定位,远比看上去美轮美奂更加重要,虚浮在表面的美是经不起检验的,难以真正吸引游客,更不用说吸引投资者与人才入驻,而只能成为旅游"打卡"集散地。

(二)走出城市形象宣传片创作困局

1. 寻找独特的创意

李奥贝纳认为"呈现在一张漂亮的纸上的小创意没有生命力,但随手涂抹在一张小纸片上的伟大创意却是永恒的",创意是一种能够用独特角度解读人生和世界的智慧。对于城市形象宣传片来说,独特的创意是它的灵魂,没有创意的宣传片即便是拍得再好看也不过是连贯的风景照。

2017年东京的城市旅游形象宣传片,全片把画面分隔为左右两块,左边代表日本的传统文化,右边则是日本现代文化,短片用独具匠心的手法表现出了日本这个传统与现代相融合的城市形象,还向观众展示了日本的动画、东京购物天堂等形象,将大量的内容浓缩在一部很短的片子里,在画面和节奏上很好地吸引了观众的好奇心和注意力(见图3-26)。

图3-26 日本东京城市旅游形象宣传片《Old meets New》

2. 独特的影像风格表达

影视语言涵盖许多方面,机位、视角、运动镜头、色彩、影调、质感、叙事手法等,每一种语言运用得当都可以形成独特的表达风格。当无人机从城市低空掠过拍摄的镜头展现在观众面前时，其独特的拍摄视角与流程的穿行令无数人为之赞叹，但是当无人机拍摄成为流行，这种拍摄手法已经难以引起人们的关注。所谓"法无定法"，没有任何一种影像表达风格是最好的，而任何一种影视语言的新尝试都有可能形成独特的风格要素。拥有独特的影像风格是非常难做到的，但是做到了这点，城市形象宣传片就能给观众留下深刻的印象。印度拉贾斯坦邦城市宣传片即采用泥塑逐帧动画的方式讲述自己独特的品牌故事，让人耳目一新（见图3-27）。

图3-27　印度拉贾斯坦邦城市宣传片

3. 深入挖掘城市的内涵

在众多城市宣传片中，有宣传自己是现代化大都市的，也有宣传自己迷人的自然风光的。同样的自然风光，在不同的城市中一定各有特点，上海的豫园与苏州的园林有相似之处，也必然有其不同之处，在进行城市宣传片创作时，不能停留在"园林"层面，一方面应当深入到"上海的园林"和"苏州的园林"层面；另一方面，豫园建造时"豫悦老亲"的初心及其经历小刀会起义等历史都可以成为内涵挖掘的切入点。

城市形象宣传片是城市提升自身形象和建立特色品牌最有效的手段之一，能够在最短的时间内让外来者了解一个城市的优势和精髓,也能够潜移默化地修正、提升本地居民对城市的印象。城市形象宣传片在城市品牌形象的塑造过程中处处体现着它的独特价值。

第四节　城市品牌标志

一、城市品牌标志

(一) 城市品牌标志的作用与界定

对于一个商业品牌来说,标志是其信息传播的核心。我们生活在一个信息过剩的社会,每天都要面对各种各样信息的轰炸,商业品牌在传播其信息时,总是把标志放在核心位置,如果记不住品牌标志,那么再多的信息可能也是无效的。奥斯卡获奖动画短片《Logo 的世界》为我们生动地展示了这一现象,影片中的汽车、城市建筑、餐馆服务生、街上的行人甚至整个银河系都是由 Logo 组成的,没有了标志也就没有了我们的现代商业社会(见图 3-28)。

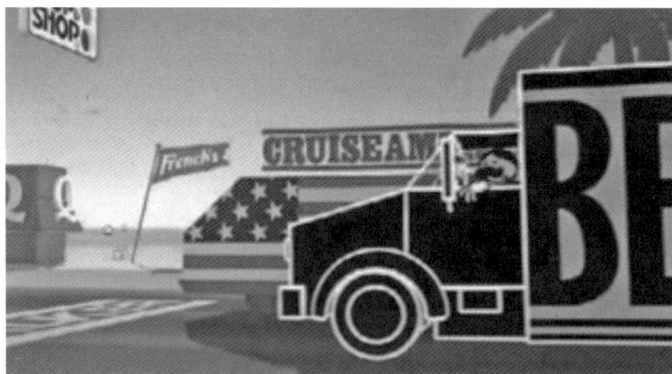

图 3-28
动画短片《Logo 的世界》

对于城市品牌来说情况有所不同,由于城市是一个巨大的地理空间、历史文化、社会生活、经济金融、人居方式等的综合体,人们对于城市品牌概念的感知更加多元,城市的名称所能包容的信息会比城市标志更加广泛,也更便于传播。尤其对于国际知名的大城市来说,名号就是它响当当的金字招牌。但并不是说城市标志就是可有可无的,它在城市品牌的传播中仍具有相当重要的地位。它所蕴含的美学元素使一个城市有机会与其他城市区别开来,并赋予该城市多样性、独特性和识别性等特性。审美通过一系列的感官刺激创造影响观众的可能性,从而使受众的需求得到满足,将他/她变成一个忠诚的客户。

首先,城市标志能够提升城市形象。城市名称所含有的信息是非常抽象的、不确定的,每个人都可以对它有自己的想象与理解。而城市标志是具现的图形与文字,其所采用的造型、色彩等都是基于特定文化背景下的理解而设计的,其含义与表征相对固定,在树立品牌形象上具有显著的效果。比如提到"洛杉矶",有人想到"天使之城"的美誉,有人看到的是星光璀璨的好莱坞,有人会想到著名的南加大、加州大学洛杉矶分校,但还有人印象最深的是几乎随处可见的流浪者。但当你看到洛杉矶的城市标志,你感受到的就是它的创意创新与多元文化。当地创意设计工作室72andSunny与洛杉矶市合作,创建了这样一个品牌形象,它是一个动态的可自由定义的Logo。设计师以洛杉矶(Los Angeles)的缩写字母"LA"进行创新设计,"LA"中可以自由地融入各种与创意相关的元素,通过简单有趣的但可以表现出不同形式的符号,以展示多元化的洛杉矶(见图3-29)。

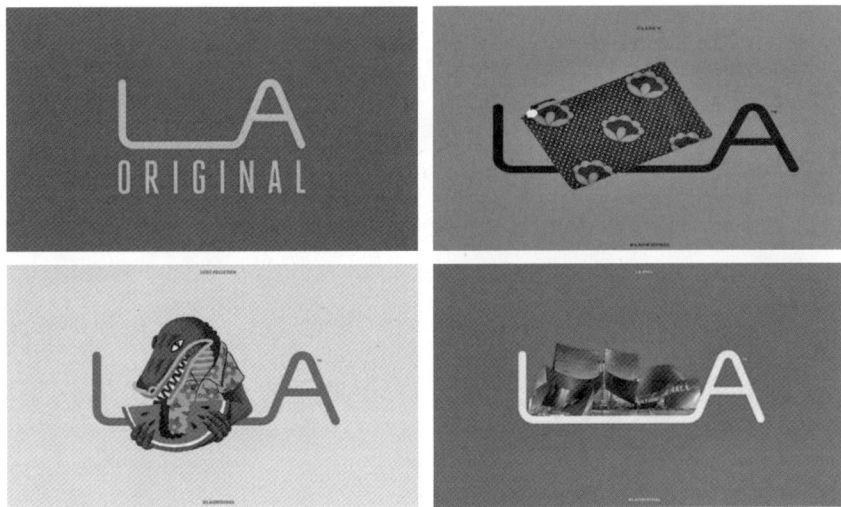

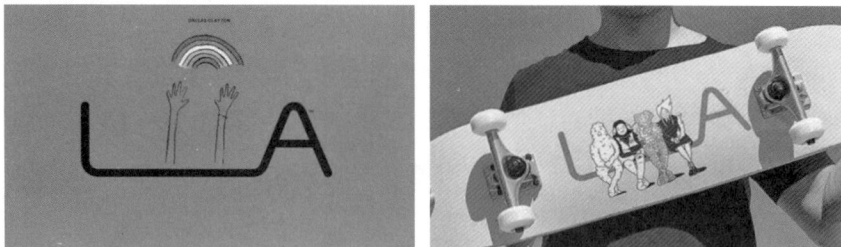

图 3-29　洛杉矶城市标志

　　其次,城市标志具有强化城市特征的作用。对于广大中小城市来说,它们的知名度不像国际大都市那么高,人们对它们没有明确的先期印象,甚至可能没有听说过,那么城市标志就可以通过视觉符号,让外地游客产生直观的印象。如布加勒斯特虽然是罗马尼亚首都,但对它了解的人仍然非常少,通过它的城市标志,人们很容易感受到布加勒斯特是一个历史悠久的城市,有着丰富的建筑物和遗产,同时也具有相当浓厚的现代气息。在此基础上,不难记住其城市名称以及构成其城市标志的几个标志性建筑(见图 3-30)。

图 3-30　布加勒斯特城市标志

再次,城市标志可以传承文化。城市徽章与标志体现着城市的信仰、理念,是城市文化在视觉符号上的外化体现,它包蕴着城市的历史积淀与精神气质。随着时光的变迁,城市的面貌与轮廓、标志性建筑等都会发生变化,而城市的标志却很有可能保持与延续下来,有些城市标志历经百年不变,有些标志虽然发生了变化但却延续了原标志的元素与内涵。如华沙城市徽章上带有手持利剑与盾牌的美人鱼形象,其新采用的城市标志保留了徽章中的华沙美人鱼形象,但风格更为自由奔放,体现了现代华沙对自由的追求(见图3-31)。

图3-31
华沙城市标志的演变

　　此外,城市标志还能够带动旅游经济的发展。1977年,生活在纽约的米尔顿·格拉泽创作的由字母"I"、一个红心以及纽约的简称"NY"组成的"I Love NY"标识,迅速被人们所接受。它被作为纽约的旅游广告词和标志,后来又被应用为纽约州的标志。如今,"I Love NY"不只是被印在了全世界各地的许多产品上面,而且已经超越了标志的范畴,成为一种流行的图案,很多城市与机构纷纷效仿。而在"9·11"事件之后,醒目的红心左侧出现了一小块黑色,代表着被毁的世贸大厦,其文字也改为了"我从未如此深爱着纽约","I Love NY"也被赋予更深的含义激励着纽约人民(见图3-32)。

　　往往有人把城市标志与城徽认作同一事物,其实二者具有一定关联,但不能混为一谈。它们两者都是城市的象征,是城市的所有者对城市精神、历史、文化等的凝练,并用图形的方式表现出来。但在这个相同的属性下,二者又各有分工。

　　城徽是一个城市权威的象征,它代表着城市的公信力与威严,总是被应用于庄严的环境。城徽首要的功能是宣示主权,城市建立的早期,城市所有者(通常是城主或贵族)根据神话传说、寓言、城市建立的历史等来制定城徽,或者直接以家族的徽章

图 3-32 纽约城市标志的演变

作为城市的徽章。城徽的设计一般较为稳定,除非有重大历史事件否则较少发生变动。

纽约的城徽设计就表达出了纽约的发展史。纽约(New York)意为"新约克郡",是在英荷战争结束后,荷兰被迫将新阿姆斯特丹割让给了英国,恰逢英国国王查理二世的弟弟约克公爵生日,查理二世便将其改名为新约克郡,作为送给约克公爵的礼物。在纽约市市徽上印有拉丁语 Novum Eboracum,是纽约的官方名称,意为"新艾伯拉肯"。而艾伯拉肯就是前述约克在罗马帝国时期的拉丁语旧名,是詹姆斯二世作为约克公爵的名义所在地。城徽上的两个人物代表了美国原住民和殖民者的团结:左侧的是殖民者德克斯特,他右手拿着一个垂线,左手拿着一个航海工具;与他相对的是,一位曼哈顿本地的印第安人将左手放在弓上。在盾牌上的四个风车帆记述着这个城市曾被荷兰统治的历史,而海狸和面粉桶象征着这个城市

图 3-33 纽约城徽

最早的贸易货物及它们所创造的巨大财富。盾牌和人物站立在一根水平的月桂树枝上。1784 年美国革命后在徽章的顶部加上了一只秃鹰,取代了之前被放置在这个空间的王冠及其所代表的英国殖民时期的君主制权威。鹰栖息在半球上。最下面的"1625 年",表示的是荷兰殖民地新阿姆斯特丹(即纽约)被指定为新荷兰省的首府(见图 3-33)。

而城市标志更多被用于品牌形象的宣传

中,如出现在网站、宣传册、公交车上,它更多展示的是一个城市的亲和力、文化魅力、创新能力等。城市标志会随着时代的发展不断更新,以适应新的宣传媒介、审美时尚等的变化。

2015 年东京在申办奥运会之前设计了一款标志"&TOKYO",意思是让来东京旅行的人把自己的名字加在 Logo 前面,他们希望通过这种方式增加东京的多样性,也为 2020 年的东京奥运会做宣传。2018 年东京再次推出新 Logo 以提升东京作为全球旅游目的地的形象。新标志采用了东方书法与西方无衬线字体相结合的方式,配上广告语"Old meets New",表现了东京传统与现代共存、东方与西方交融的独特城市魅力(见图 3-34)。

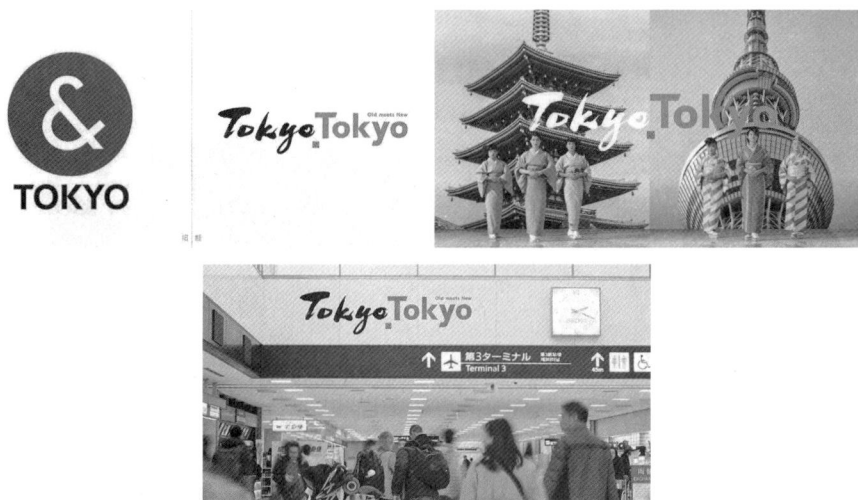

图 3-34　东京城市标志

(二) 城市品牌标志的特征

1. 识别性

对于城市标志来说,可识别性是其最基本的特征。标志需要运用清晰、简约、准确、生动的图形符号来传递复杂的城市信息与内涵,便于受众的理解与接受。含混不清的视觉语言会带来接受上的困难,会让受众失去观看的兴趣。就像是不少城市对在城市标志上运用地图情有独钟,却不知地图作为一个高度概括的图形,在没有相应辅助信息的情况下对于外地游客的可识别度是非常低的,甚至本土居民有时也未必能识别出来自己城市地图的外轮廓。这样的标志图形不但不能帮助受众更好地理解城市品牌形象,反而成为传播的障碍。

2. 文化性

文化底蕴是构成一个城市品牌中最具竞争力、冲击力、生命力的要素,城市的特殊文化气质和精神内涵,无论是对于居民还是游客来说,都最具有吸引力并且让人难以忘怀。城市品牌标志应当能够准确反映出一个城市的文化底蕴,让本地居民能够认可,也让外来的游客一看到就能对这个城市的文化有所感受与体悟。

杭州,作为中国最有名的旅游胜地之一,肩负着"上有天堂下有苏杭"的美誉,又曾经是南宋都城。在现代,杭州作为浙江省省会所在地,经济发展程度较高,有浙江大学、中国美术学院等著名高校,且涌现出阿里巴巴等重量级企业。杭州正在着力打造一个将历史文化与现代时尚相结合、地域特色和国际潮流相结合的"生活品质之城"城市品牌。杭州的城市标志设计基于其城市发展核心理念,围绕"精致和谐、大气开放"的城市人文精神,较好地塑造了杭州城市品牌。此标志以"杭"的篆书为基础,巧妙地将西湖、游船、园林、古城、拱桥、书法等要素融入其中,既体现出杭州所具有的深厚传统文化底蕴,又传递出积极进取、意气风发的精神面貌(见图3-35)。一位中国美术学院的老教授说,走了国内很多城市,最后发现还是杭州生活最舒适。这就是对杭州"生活品质之城"这一定位的认可。

图3-35 杭州城市标志

3. 认同感

城市标志的设计并不是仅仅需要当地政府与设计师的参与、互动,它还需要获得本地居民、外地游客、投资者等不同人士的广泛认同。这一方面表现在城市品牌需要具有凝聚力,另一方面表现在它的吸引力。

凝聚力是一种作用于城市居民的内部力量。城市品牌标志需要对城市的本土居民,无论是祖籍就在这个城市还是曾经在此居住生活过的人们,具有鼓舞与激励的作用。城市品牌标志应该能够体现出本地居民对这个城市的美好记忆以及对未来的愿景,能够引发居民对这个城市的自豪感,并愿意继续努力为这个城市的发展贡献出自己的力量。

而对于旅游者与投资者来说,城市标志应当展现出吸引力,用独特的景色、人文、民俗等吸引旅游者到来,或者展现出文明、法制、高效的社会资源或独特的物质资源吸引投资者。当然在方寸之间的标志能够展现的内容是非常有限的,具体在标志中侧重展示哪些方面,要看城市的资源与发展目标而定,是旅游资源独特或是矿产资源丰富,或是交易便利、税收优惠,还是要建立金融中心、航运中心等。

重庆在设计城市标志时最初采用了有奖征集的方式,组织了"太极杯"比赛来征集重庆视觉识别系统,希望能够吸引更广泛的民众参与。然而由于入围作品并不能达到政府所期望的专业水准,后又邀请专业设计公司竞标,最后由香港靳与刘设计公司胜出,靳埭强担任总设计师。在其城市标志的设计及讨论各阶段,都充分引入了各方人士的广泛参与。最初的头脑风暴环节,设计组召开了当地大学生参与的研讨会,以凝练重庆的"核心价值"为目的的创作海报。然后邀请当地政府官员组成评委小组对海报投票并给出建议。设计历经两年,经过了 10 次讨论会并与政府高层、外籍人士等多次会谈。在对最终方案的民意调查阶段,8 万名公众参与了投票,最后产生了"双重庆祝"的主题设计方案——"人人重庆"(见图 3 - 36)。标志以两个欢乐喜悦的人,组成一个"庆"字,既体现"以人为本"的理念,又道出城市名称的历史由来,并以标志色彩展现出对美好未来的信心。

图 3 - 36 重庆城市标志

4. 应用性

城市标志的应用范围非常广泛,在设计之初就应当充分考虑标志的各种使用情况,如在各类媒介上、不同尺寸、各种观看视角与距离,以及周围的环境等。如此多样化的要求需要城市标志具有较强的可拓展性,以墨尔本城市标志为代表的新设计风格较好地满足了这样的要求。俄罗斯雅罗斯拉夫尔 2012 年发布的城市标志以一个简约的箭头为主要图案,其设计灵感来源于伏尔加河和科托罗斯尔河在雅罗斯拉夫尔交汇这一地理特征,同时这个图案也是雅罗斯拉夫尔俄语名称的首字母"Я"的艺术化处理。但在实际使用中,雅罗斯拉夫尔城市标志并不限于简单的箭头形式,而是具有非常丰富的变化形态,能够适应各种不同情况需要,并反映出雅罗斯拉夫尔的文化特质(见图3-37)。

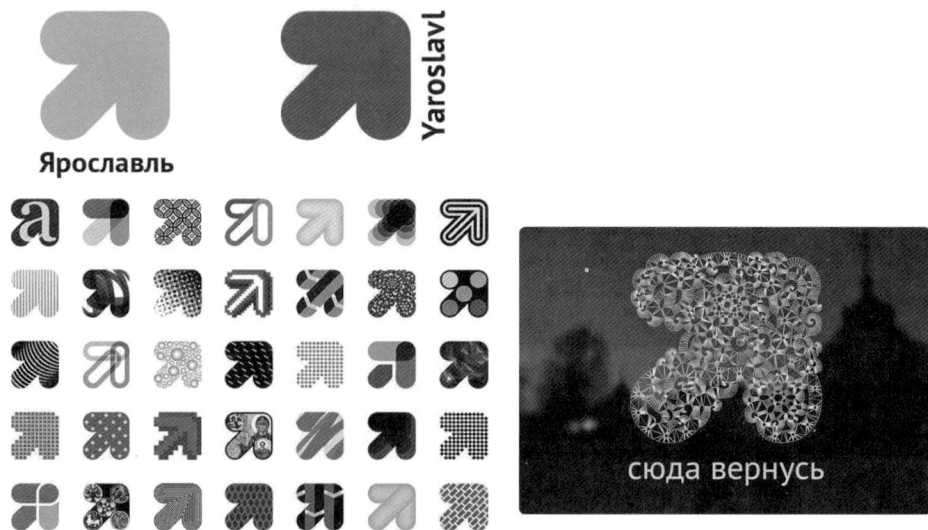

图3-37 雅罗斯拉夫尔城市标志

(三) 城市品牌标志的设计原则

城市品牌标志的设计应当遵循统一的标志设计原则,并在此基础之上体现城市品牌的相关特性。里赫特尔和赫梅莱夫斯基等人指出,设计Logo时,创作者要注意简洁——太复杂的图形符号不会吸引观众的注意,因为人的眼睛更容易记住简约和极简主义的东西。厄休拉认为良好的视觉传达应具备如下功能:①协调统一。所有视觉元素都应当协同工作,各部分都必须与其他内容协调统一,而不是从中格外凸显出来。②易读性。每个元素都应该是让人容易理解的,通常一个标志不应超过3种颜色。③独特性。通过原创设计使品牌有机会从竞争中脱颖而出,变得更加明显和引人注目。④相关性。所采用的元素应该能代表此组织与行业,易于快速记忆。

基于以上原则并结合城市品牌的特征,总结出以下城市品牌标志设计原则:

1. 简明化原则

标志常常被应用于宣传册、信纸信封、网页、名片等画面空间有限的地方,这就制约了它的尺寸不能太大,图形中所包含的信息不能过多。同时,城市标志要能够迅速地被受众所识别、记忆,不能太过复杂。因此简洁明快成为城市标志设计的第一法则。

但是人们往往对城市标志有着太多的期望,希望它可以包罗万象,将城市的历史文化、人文精神、风景地貌、标志性建筑、未来前景等统统展现出来,但这对于简洁图形来说显然难以实现。因此现代城市在标志的拓展性方面进行了充分的探索,以简洁明了的标志外部造型容纳丰富的内部肌理与纹样,将客户所需要表达的更多内涵通过内部肌理与纹样的变化展示出来。这种做法反过来对标志造型的简洁提出了更高的要求,因为越是复杂的造型,在变换内部肌理与纹样时遇到的障碍也会越大,而简洁的外轮廓具有良好的适应性。

墨尔本城市标志由全球著名品牌顾问机构 Landor 设计,以新"M"字造型城市标志取代 20 世纪 90 年代初启用的旧树叶标志(见图 3-38)。新的市徽成为墨尔本的一个符号,它象征了墨尔本的活力、新潮和现代化,反映出这座城市国际公认的多元、创新、宜居和重视生态的形象。

2. 个性化原则

如果把一座城市比喻成一个人的话,那么城市标志就像是这个人递出的名片,上面的信息与形式越是独特就越容易让人记住它。缺乏个性的名片完全没有用处,人们只会把它丢弃在抽屉的角落里,缺乏个性的城市标志也一样,受众既不能记住其中的有效信息,也难以通过标志对城市产生好感。而一个城市标志产生的过程往往需要众多人的参与,耗资巨大,因此设计缺乏个性的城市标志是对城市资源的巨大浪费。

俄罗斯第二大城市圣彼得堡建于 1703 年,其城市名称源自耶稣的弟子圣徒彼得,他是耶稣最早也是最坚定的门徒,被罗马教廷认为是罗马的守护者。以他命名与俄罗斯一贯认为自己是第三个罗马不无关系。1712 年彼得大帝迁都到圣彼得堡,此后的 200 年,圣彼得堡一直是俄国的政治、文化、经济中心。与莫斯科相比,圣彼得堡更具有皇家气度。

圣彼得堡城市标志设计中充分抓住名称的文化渊源,以圣使徒头顶的光圈为

BRANDMARK CONFIGURATIONS

PRIMARY

Wherever possible the brandmark should be used in the vertical format.

SECONDARY A

Used when legibility of the logotype requires greater prominence, or where there are space and layout restrictions.

SECONDARY B

For Small scale usage where the logotype needs greater prominence. Ideal when City of Melbourne is an endorsement or supporter.

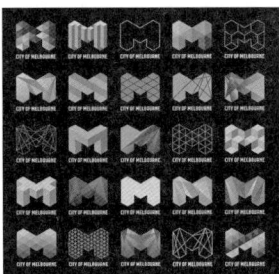

图 3 - 38　墨尔本城市标志

核心,自由地变换出皇冠、船锚、乐器、博士帽等,结合代表波罗的海与涅瓦河的蓝色波纹,创造出了一系列平等的城市标志,共有 20 种不同的标志被应用于 13 个城市生活领域,将圣彼得堡的历史、文化、教育、旅游、经济等特色尽数展现给观众(见图 3 - 39)。标志鲜明的亮黄色与淡蓝色的组合传递出轻松愉悦的感受,配合着标

图 3 - 39　圣彼得堡城市标志

志自由多变的造型,使观众很容易记住并且喜欢上它。

3. 关联性原则

城市标志需要在城市与观众之间建立情感联系,使观众对标志产生认同感,这种认同可以是对该城市国际地位的认同、多元发展的认同、历史文化的认同,或是产生亲近感、归属感。孤芳自赏地向观众做自我展示的时代逐渐远去,新涌现的城市标志在或隐或显地向观众敞开怀抱。

首尔原城市口号为"亚洲的灵魂(Soul of Asia)",标志为图形化的文字"嗨,首尔(Hi Seoul)",向观众尤其是亚洲以外的观众展现自身作为亚洲重要的城市在经济文化等领域的影响力。但在 2015 年新推出的标志中,首尔宣布以"我和你的首尔(I SEOUL U)"取代"Hi Seoul"成为首尔的新城市标志。"I SEOUL U"意味着首尔将我和你连接在一起,我们共同创造充满活力、不断发展的首尔。SEOUL 左右两侧的圆点分别象征着热情与悠闲(见图 3 - 40)。

图 3 - 40　首尔城市标志

(四) 世界设计之都的标志设计

目前我国的城市标志设计存在着许多问题亟待解决,而设计之都作为城市文化发展的先行者与实践者,起到了关键的引领作用,借鉴世界设计之都标志的设计经验将为我国城市标志的设计提供一定的经验与启示。

1. 世界设计之都标志设计概况

1）世界设计之都概况

联合国全球创意城市网络，是联合国教科文组织于2004年创立的项目，该项目对应的是联合国《保护和促进文化表现形式多样性公约》（《保护非物质文化遗产公约》《保护世界文化和自然遗产公约》共同构成了保护物质和非物质文化遗产、保护世界文化多样性的国际法体系），旨在把以创意和文化作为经济发展最主要元素的各个城市联结起来形成网络，以帮助网络内各城市政府和企业向国内、国际市场进行多元文化产品的推广。加入该网络的城市被分别授予"设计之都""文学之都""音乐之都"等7种称号，目前已经有116座城市加入了该网络。其中已经命名的31个"设计之都"是：首尔、武汉、上海、北京、柏林、格拉茨、伊斯坦布尔、普埃布拉、名古屋、神户、圣埃蒂安、都灵、毕尔巴鄂、深圳、吉隆、蒙特利尔、新加坡市、考纳斯、万隆、科尔特里克、邓迪、布达佩斯、科尔丁、开普敦、科灵、巴西利亚、布宜诺斯艾利斯、库里奇巴、迪拜、墨西哥、赫尔辛基（根据联合国教科文组织官方网站整理，整理时间截至2019年9月）。

2）世界设计之都标志设计概况

世界设计之都的整体标志，是由联合国教科文组织根据城市提供的设计标志，与联合国教科文组织创意城市网络的标志组合而成。设计之都标志中会独立出现城市的名称以及城市加入全球创意网络的时间。本研究一共采集到23枚设计之都标志，所采集的标志来自联合国教科文组织的网站，其中布达佩斯、科尔丁、开普敦、科灵、巴西利亚、布宜诺斯艾利斯、迪拜、墨西哥8个城市的设计之都标志未检索到（见图3-41）。由于设计之都的标志由入选城市自行组织设计，体现出所属国家特有的文化，因而呈现出不同的区域特色。不同设计之都的城市标志具有明显的差异性，无论是在文字色彩的应用以及标志图形元素的选择等方面都具有较大的区别。

2. 世界设计之都标志设计分析

作为设计之都的标志，整体在设计上对于各类元素的运用都出人意料地表现出相当的克制，并没有特别的张扬奔放，或是炫耀设计手段，而是采用了非常冷静、内敛的设计风格。这可能是考虑到需要与联合国教科文组织的标志组合使用，因此在设计风格上都进行了约束。

万隆　　上海　　深圳　　武汉　　考纳斯　　普埃布拉

圣埃蒂安　　北京　　科尔特里克　　都灵　　名古屋　　吉隆

毕尔巴鄂　　首尔　　邓迪　　柏林　　蒙特利尔　　神户

新加坡　　格拉茨　　伊斯坦布尔　　库里奇巴　　赫尔辛基

图3-41　世界设计之都标志设计

1) 设计元素

由于按照设计之都标志的组合规范要求,标志中必须包含城市名称,因此没有纯图形标志,所以将它们按照具象至抽象的不同程度划分为:具象图形为主、抽象图形为主、文字为主、纯文字等4类。其中使用公众熟悉并可被快速识别的具象图形符号的标志仅有3例,占比在13%,分别是中国北京、韩国首尔与芬兰赫尔辛基,使用了具有代表性的标志性建筑、雕塑与象征性符号。赫尔辛基的标志直接采用了城市市徽的设计,设计之都标志设计保留了市徽的轮廓线并统一为蓝色,整体视觉效果更为清爽。采用抽象图形为主的有9例,为圣埃蒂安、科尔特里克、都灵、柏林、伊斯坦布尔、毕尔巴鄂等,占比39%。其中柏林、伊斯坦布尔的标志是建筑图形的抽象表现,毕尔巴鄂标志取形于当地代表性建筑的局部,并形成首字母"B"的造型,标志与建筑具有相近的风格特征(见图3-42)。以文字为主的标志共7例,并且都是与圆形、三角形、彩条等简约抽象图形进行组合。而使用纯文字标志的有4例,分别是中国上海、武汉,土耳其考纳斯和澳大利亚格拉茨,占比17%。

在中国的4枚标志中,除北京使用了华表图形之外,其他都是采用了文字为主(深圳)或纯文字(上海、武汉)的表达方式。而它们都有一个共同的特点,就是一词

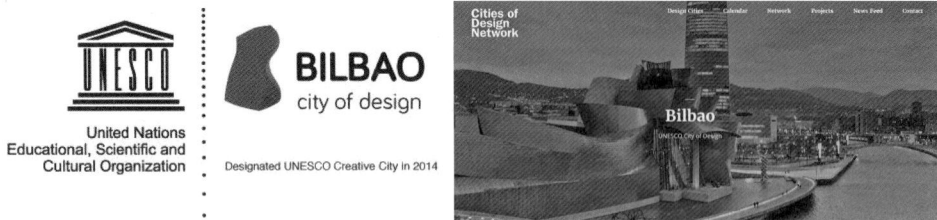

图 3-42　毕尔巴鄂创意之都标志与城市风貌

多义,如上海"Shanghai"用色彩凸显了字母"hi",意为和来自世界各地的设计师、游客打招呼;武汉的"汉"字中包含了字母"WH";深圳的"深"字用 3 种几何形替代了水的三点。

2) 色彩

在标志使用的色彩方面,除文字采用的黑色之外,仅有 4 例标志使用了 3 种及以上色彩,分别为深圳、考纳斯、普埃布拉、吉隆。其中深圳运用了三原色代表设计;吉隆运用了有 3 种不同色彩倾向的绿色;考纳斯运用了 4 种色彩,体现出其建筑、自然环境的色彩特征;普埃布拉采用了近乎全彩色的丰富色彩变化,但在造型上将色彩的变化控制在一根横向的细彩条之内。作为陶瓷之都,普埃布拉以颜色鲜艳绚烂的陶瓷闻名世界,在标志色彩的选择上体现出鲜明的陶瓷釉色的特点。

在色彩的选择上,运用红色的共有 12 枚标志,占比 52%。从色彩心理学的角度分析来说,红色是前进色,它的光波最长,能够有效地引起受众的注意力,因此在标志中被广泛运用。排在第二位的是蓝色,有 9 枚标志,占比 39%。蓝色象征着蓝天、海洋,同时也有较高的明视度,因此有较高的使用率。

3) 设计风格

简约是现代标志设计的一般准则,设计之都标志绝大多数都采用了扁平化的设计方式,仅有毕尔巴鄂采用了立体造型的方式。在图形设计手法上,深圳、名古屋等采用的是极简主义的几何造型;圣埃蒂安、新加坡、库里奇巴、柏林、伊斯坦布尔等将简单的单体运用重复、映射、重叠、渐变等手法进行组合,形成相对复杂的结构造型。在字体的选择方面,除了深圳、考纳斯运用了变形字体,名古屋运用了书法字体之外，其他城市都采用了无衬线字体。以上种种特征都体现出简约化的设计理念，通过简洁单纯的视觉元素表现丰富的内涵。

3. 我国城市标志设计面临的主要问题

我国城市标志设计方面普遍存在的问题是盲目模仿，忽视城市自身个性和内涵，无法有效突显城市特色、传播城市形象，符号叠加和理念重复，表现手法陈旧等。尤其是以旅游业作为重要经济支柱的城市，在设计城市标志时更多会把名胜古迹等视觉元素叠加或重复的使用，有的则过于简单，直接用市花、市树、城市名代替标志。而在设计表现手法方面也难于突破创新，常见的就是用圆图章式样，以及为了突出传统文化而采用的毛笔笔触。这些城市标志应用起来范围非常局限，往往无法满足打造现代化城市视觉系统的需求。

4. 世界设计之都标志设计的经验与启示

1）标志设计高度契合城市的品牌定位

我国城市标志设计应该高度符合城市的品牌定位，城市的品牌定位即是一个城市的特色所在，特色是可贵的。设计之都的标志设计暗示城市气质、文化格调，突出了城市的魅力。城市品牌定位是城市标志设计的切入点和依据，城市标志的设计要强化和突出这种差异，通过概括、提炼、抽象设计等手法将其转换成城市视觉符号。设计之都的标志设计与城市的品牌定位是高度契合的。作为法国"设计之城"，圣埃蒂安的设计理念渗透到了生活的每处细节，超前的思考、冒险的尝试，让这座城市始终坚持着包容和鼓励创新的传统。圣埃蒂安致力于向世界传达出包容、创新、超前、活力十足的城市形象，因而在设计之都的标志设计上，鲜艳活力色彩的使用，张力十足的抽象图形元素，与圣埃蒂安里的城市形象契合度都十分高（见图3-43）。上海作为代表中国的国际性大城市，在设计之都的标志设计上简洁巧妙地应用上海的拼音，"hi"传达出上海活力开放的城市形象。墨西哥的普埃布拉作为色彩浓烈的陶瓷之都，以颜色鲜艳绚烂的陶瓷闻名世界，因而在标志的设计中色彩丰富亮丽，极具墨西哥的文化风情（见图3-44）。

2）标志设计重视城市特色文化元素

设计之都的标志设计重视城市独特文化要素的体现，在现代简约的同时充分展示城市的历史性与人文性。北京的设计之都标志图案使用了华表符号，华表是

图 3 - 43　圣埃蒂安创意之都标志与城市风貌

图 3 - 44　普埃布拉创意之都标志与城市风貌

一种中国古代传统建筑形式,富有深厚的中国传统文化内涵,向世界传达着中国传统文化的精神、气质、神韵,标志采用的金黄色代表神圣与尊贵。德国柏林的标志使用了勃兰登堡门,作为柏林在世界上最有辨识度和知名度的地标,勃兰登堡门不仅是柏林的象征,也逐渐发展成德国国家的标志。并非只有具象的形象能够表达一个城市的精神与文化特质,抽象图形同样具有这样的功能。新加坡标志就是几个简单几何形的重复,构成了如同精密切割的钻石的造型,充分展现出新加坡的精致、华美与现代化都市的特征。我国城市标志设计中应该重视城市文化元素的创新性体现,对城市标志的内涵与作用进一步理解和把握。

3) 标志设计重视全球化的影响力和理解力

城市标志设计应当将充分考虑跨文化传播效果,随着我国国际化程度的加强,各地与国际上的城市文化交流的机会越来越多,也接纳了越来越多的国际游客、投资者,城市标志设计应当秉持文化交融的设计理念,使国际国内受众都易于接受设计所欲传递的信息。以武汉设计之都标志为例,标识以城市名称中的"汉"字为原型,并融入"武汉"两字开头第一个英文字母"W"与"H",以汉字融入现代几何扁平化的表现形式,体现出武汉共生多元文化的与充沛的活力。与之近似的,上海在设计之都的标志设计上简洁巧妙地借用上海城市英文名称中的"hi"传达出活力开放的城市形象,便于国际游客的理解与传播。我国城市的标志设计应该在全球化的视野下,加强传播的针对性及有效性,突出城市标志设计在国际传播中的符号作用。

城市标志作为最具有情绪感染力和精神渗透力的城市文明传播形式,对于城市形象的传播有着至关重要的意义,世界设计之都作为城市文化发展的先行者与实践者,起到了关键的引领作用。不同城市的设计之都的标志具有明显的差异性以及显著的特性,目前我国的城市标志设计存在着许多问题亟待解决,世界设计之都标志的设计经验将为我国城市标志的设计提供一定的经验与启示。借鉴国内外优秀的设计经验,才能创造出富有活力与特色的城市标志。

第 四 章

城市品牌形象发展与跨文化传播

第一节　城市品牌形象的更新

一、推动品牌形象更新的力量

　　品牌并不是固定不变的,任何一个品牌都需要随着时代的发展而不断做出调整,引发品牌做出调整的原因是多种多样的,可能是由于人们审美的变化,或者是科技带来革新所造就,又或是品牌自身定位与策略的调整所导致的。如果一个品牌的历史足够悠久,比较它 Logo 前后的变化,你就会发现品牌形象有时还会循环往复。

　　观察一下可口可乐的标志演进历程,可以在其中看到科技的影响及其营销战略的变化。1940 年及之前的标志都是黑色,至 1950 年随着印刷技术的改善,可口可乐采取了彩色印刷的标志。20 世纪 80 年代自动控制技术、激光技术及光纤材料的广泛普及,使电子分色机在技术上发生了革命性变革,形成了标准化的现代电子分色制版工艺,而技术的革新使 1990 年可口可乐采用带有立体感渐变色彩的标志成为可能。在经历了广泛的计算机技术应用带给人们眼花缭乱的视觉冲击之后,人们的审美倾向逐渐向静的方向转折,扁平化的简约风格再次受到人们的喜爱,可口可乐也在 2000 年、2009 年两次对标志做出改变。

比较特别的是,1985 年可口可乐标志突然脱离了手写体风格,而采用了具有典型印刷体风格的字体,是因为当年可口可乐对其产品的配方进行了改变,希望以"更畅爽、更圆润、更和谐"的新可口可乐占领更大的市场份额,标志风格配合营销战略的变化也进行了较大的改变。但没想到新产品遭到失败,于 3 个月后换回老配方,可口可乐的标志也于 1987 年很快回到手写体风格(见图 4-1)。

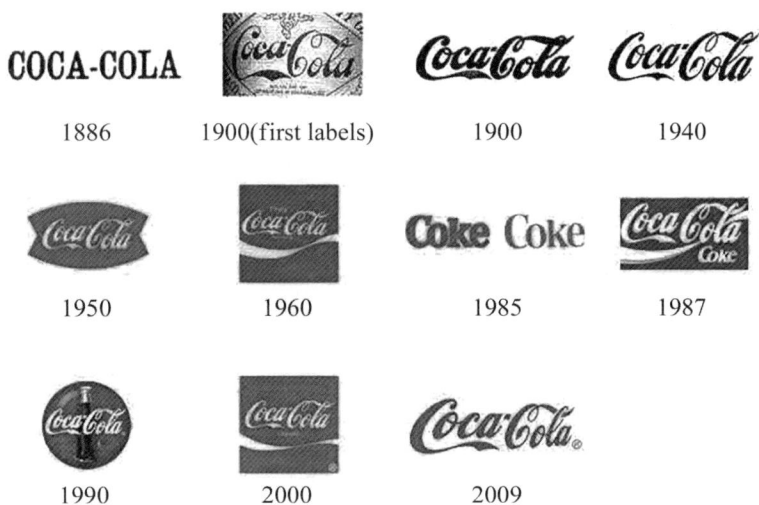

图 4-1 可口可乐标志的演变

如今随着大数据与人工智能技术的发展,营销领域也在遭遇一系列变革。戈登和佩雷认为市场营销正表露出一些新的趋势,它们正在造就营销的新黄金时代,其中的 5 种关键表现是科学、实质、故事、高效、简化。大数据、建模和自动化分析使目标定位更为准确,使衡量营销投资回报的方法更加精确,同时也为研究消费者的行为方式提供了强有力的线索。营销科学和分析技术的应用塑造了营销业务的实质,市场营销的流程得以简化,客户获得更好的体验及更多利益。新的媒介技术、营销技术使讲故事的内容更丰富,移动设备成为更强大的通信工具,讲故事的方式正在不断变化,对创造力的需求变得更大。在数字经济中,消费者偏好高速发生变化,市场和产品生命周期的动态也被缩短,迫使营销变成一个连续的过程,而这意味着营销人员需要更高效地将多种职能整合在一起。因此,需要营销机构不断简化流程与组织结构,以尽快对消费者的偏好变化做出反应。

城市品牌作为品牌的一种特殊类别,它既具有普通商业品牌需要适应乃至迎合消费者的冲动,也有出身于官方的大家闺秀的矜持,还具有背负着一个城市的历史文化的沉重。尽管如此,整个时代在意识、审美上的变化还是带动着城市品牌形象做出改变。

苏格兰首府爱丁堡,位于英国福斯湾南海岸,有着悠久的历史底蕴。爱丁堡不仅是曾经的政治中心,也一直是英国的艺术、文化、科学中心,是苏格兰历史文化的重要发源地。2004 年,联合国教科文组织授予了爱丁堡"世界文学城市"的称号,使其成为世界首个获此殊荣的城市。自 1947 年起,每年 8 月份的爱丁堡国际艺术节吸引着世界各地的文艺团体。国际艺术节的成功主要得益于爱丁堡本身所拥有的人文艺术资源和氛围,在爱丁堡的历史上,出现过许多文学艺术领域的人才,如《彼得·潘》的作者詹姆斯·马修·巴利,悬疑小说作家柯南·道尔,《哈利·波特》作者 J. K. 罗琳等。爱丁堡在科学方面也能人辈出,物种起源鼻祖查尔斯·达尔文就曾就读于爱丁堡大学,著名的美国贝尔实验室创始人亚历山大·贝尔也出生于爱丁堡。历史塑造了爱丁堡的艺术、科技氛围,而这种氛围又可以继续培育更多的人才,迄今爱丁堡已经产生了 28 位诺贝尔奖得主,涌现出无数艺术家、政治领袖等各个领域的名人。

在公众眼中,爱丁堡是一个拥有独特历史文化遗产、美丽精致而又吸引人的城市,每年也有大批游客慕名而来,但是爱丁堡的城市管理者认为自己的城市形象的展现并未达到理想状态,于是在 2002 年启动了城市品牌更新的进程,历时三年,于2005 年推出了全新的城市品牌口号——"鼓舞人心的爱丁堡"(Edinburgh: Inspiring Capital),这个口号凝聚着爱丁堡城市的核心价值观和内涵,力求将爱丁堡打造成为集合旅游、投资、生活、工作和学习的城市(见图 4-2)。在 2008 年,爱丁堡还建立了一个由国家机关、公共组织和个人组织组成的爱丁堡目的地营销联盟(DEMA),致力于为这个新城市品牌制定营销策略。

爱丁堡最初在受众眼中是一个拥有辉煌历史和建筑遗产,充满自信的历史文

图 4 - 2
爱丁堡城市品牌标志

化都市。在新的品牌推出之后,城市管理者认为不应该舍弃原来大众对爱丁堡的形象感知,而是将原来的声誉与现在充满活力、创想、自信而现代的首府形象进行平衡。通过原来的知名度来建立品牌优势,让受众感受到一个富有生机的现代古都。这一点首先可以从爱丁堡新城市品牌 Logo 的设计中看出。爱丁堡的品牌视觉形象源自"启发"与"影响"。其灵感来源于苏格兰式建筑结构的标志性象征——福斯大桥和爱丁堡的制高点和传说——亚瑟王宝座,并将历史及自然元素精简再设计,转化成了简明的流型线条和文字,使得整个 Logo 看起来现代感十足,又不失深层的历史底蕴,平衡地恰到好处。爱丁堡的这一积极主动、不安于现状的大胆转变,为城市品牌的营销提供了一个极好的研究案例。

二、城市品牌的生命周期

欧洲经济学院曼弗雷德·布鲁恩教授首先提出品牌就像是一个生命体,并明确提出品牌生命周期学说,认为品牌生命周期由创立、稳固、差异化、模仿、分化和两极分化共 6 个阶段组成。营销学家菲利普·科特勒认为品牌的生命是有限的,并以产品的生命周期理论为基础,提出品牌的生命周期同样是一个从出生、成长、成熟到最后衰退并最终消失的过程。不过科特勒的观点难以解释像可口可乐、茅台等品牌的经久不衰。迈克尔·T. 尤因、科林·杰文斯等进一步认为,可口可乐等品牌也可能会由于人们消费习惯的改变或加强对健康的关注而被消费者所抛弃。

但约翰·菲利普·琼斯的研究表明,许多品牌发展到成熟期之后并没有像品牌生命周期理论所说进入衰退期,而是长期保持着相对稳定的市场份额。同时,人们消费习惯等原因可能导致产品过时,但品牌却不一定随产品进入衰退期,品牌仍然可以适应新的竞争环境,开发出新的产品,长久地保持其竞争力。乔恩·米勒、戴维·缪尔则用许多品牌的发展故事表明,品牌的衰落是不可避免的,但并非品牌就必然由此走向衰亡,不少品牌仍然有走出低谷重获新生的经历。

那么对于城市品牌来说,品牌的生命周期理论是否同样适用呢?

首先,应当把城市品牌视作一种特殊的品牌。城市品牌的生命力是依托于城市的生命之上的,在城市产生并发展至今的几千年里,不少城市起起落落,也呈现出生命周期的变化。回顾历史的洪流,便会惊觉对于各个城市而言,世界的霸权是非常短暂的,起伏兴衰才是历史中的常态。距今 1 000 多年以前,世界上最重要的城市当属中国的城市开封,它拥有百万以上人口,有来自世界各地的商品在此集散,是当之无愧的商业与工业中心,而此时伦敦只有大约 15 000 人。《清明上河图》清楚地展现了当时开封的国际化与富贵繁华,有人曾经计算过当时开封的房价甚至超过如今北京的房价,大文豪欧阳修以"知谏院兼判登闻鼓院"的官职,却"庇身无弊庐";同为唐宋八大家的苏洵、苏轼、苏辙也只能长期租房子住。到了北宋徽宗年间,"一第无虑数十万缗",大约相对于现在上亿元。但是如今,开封已经沦为中国中部一个少有人关注的四线城市,二手房均价在 4 532 元/平方米(58 同城 2019 年 9 月数据)。还有些城市,曾经是一个地域的中心,但是随着环境的变迁却是永远的消失了,如庞贝、楼兰古城。

尽管如此,大多数城市并没有衰亡而是呈现出旺盛的生命力。芒福德借鉴生物的生命周期把城市的生命历程分为春夏秋冬 4 个阶段。熊彼特从城市经济与产业发展的角度提出了城市经济周期。在我国,郭淑芬、孟兰霞等研究了矿产资源型城市的生命周期,李彦军则提出产业的周期性变化是城市呈现周期波动的原因,翟炜、顾朝林提出了城市发展的波动演替、演替生长、演替衰退和快速发展 4 种线性演替类型(见表 4-1)。

表 4-1　城市线性演替类型(a,b,c,d)

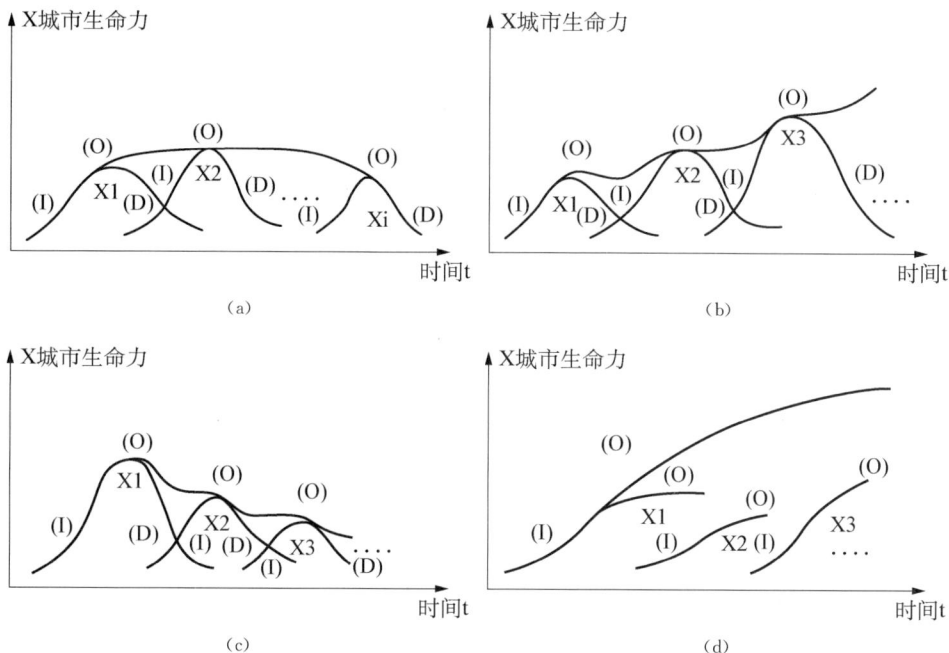

（a）

（b）

（c）

（d）

　　其次,城市品牌的生命周期不等同于城市生命周期。一个城市形成、发展、壮大,具有了保护当地居民、工商业者的力量,但并不等于它就拥有了城市品牌。品牌是伴随着商业的发展而产生的,对于城市品牌来说也是一样,只有当一个城市能够吸引商人将货品专门运输到这个地方来售卖,而不是就近销售时,城市品牌才显露出它的端倪。因为此时,城市的声望开始发挥作用,或者可以说城市品牌展现出影响力。如唐代时,各国的商人不远万里前来都城长安做贸易,长安专门划出东西两市,采用严格、集中的市制并设有市署以规范贸易,这时的长安已经具备了相当显著的城市品牌影响力,而同时期许多其他的城市虽然也已建立并具备一定城市规模,但并没形成城市品牌。

　　再次,一个城市是它的品牌旗下唯一的主打产品,一旦城市没落、消失了,没有办法用其他产品替代。另外,城市虽然不能用一个新的城市作为替代产品延续品牌,但是城市可以通过自然演进、转型发展等,使城市品牌获得更新,从而焕发新的生命力。大卫·爱格认为品牌更新可被用于在品牌形象处于衰退期时改善品牌形象,在受众心目中保持基本形象的同时朝着新的发展方向转变。

三、城市品牌的评估

(一) SWOT 分析法

SWOT 分析是针对内外部竞争环境与条件的态势分析,就是把与研究对象密切相关的各种主要内部优势(S)、劣势(W),外部的机遇(O)、威胁(T)等,通过调查列举出来形成矩阵排列,并用系统分析思想加以分析(见表 4-2)。利用 SWOT 分析方法可以从中找出对品牌有利的、值得发扬的因素,以及对品牌的不利因素,可以帮助发现品牌存在的问题、找出解决方法,并明确未来发展方向。

表 4-2 SWOT 分析模型

	Strength 优势	Weakness 劣势
Internal 内部组织的		
	Opportunity 机会	Threat 威胁
External 外部环境的		

SWOT 分析中,内部优势(S)通常可以从以下几个方面思考,如产品及服务的价格优势、竞争优势、市场优势、技术优势、资源优势(包括人才、资产、原材料、顾客等)、经验优势以及品牌优势等,反之就是劣势(W)。而外部机遇(O)则有可能是新兴市场带来的机会,产品和服务的竞争优势、技术优势,城市的经济优势、地理位置优势、合作伙伴优势,以及行业发展所占据的政策法规优势等。威胁(T)则有可能来自环境、市场需求的变化、相关政策的调整、顾客的流失等。

(二) 城市品牌的 SWOT 分析——以新加坡为例

新加坡别称狮城,国土面积 719.1 平方千米。它是一个多元文化的移民国家,由于历史遗留的原因,促进种族和谐是新加坡政府治国的核心政策。新加坡与韩国、中国香港、中国台湾共同被誉为"亚洲四小龙",是全球最国际化的地区之一。新加坡经济属外贸驱动型,电子、旅游与金融是其主要经济支柱,且高度依赖美、日、欧和周边市场。

如今新加坡面临着一个非常具有挑战性的营销环境,目标消费者变得越来越精明,要求也越来越高。与此同时,世界各地的旅游目的地也正在加紧开发新的景点,形成高度竞争的局面。面对这种情况,新加坡受到资源限制与根深蒂固的种族问题的双面压力。为了实现在未来几年继续增加旅游收入的目标,新加坡需要加大营销力度,更好地利用快速变化的趋势并抓住机遇。

通过对新加坡城市品牌的 SWOT 分析,发现:

(1) 新加坡的优势(S)在于新加坡的多元文化、良好的公民素质、优越的地理位置与便利的交通、出色的城市环境建设。新加坡人在日常生活和工作场所鼓励多元化,人们不分种族或宗教过着和谐的生活。新加坡城市建设整洁、现代,充分考虑到不同人群的需求,对女性、儿童等弱势群体充满关爱。新加坡拥有越来越多的画廊、艺术馆和博物馆,公民素质普遍较高。

(2) 新加坡的劣势(W)在于国土面积狭小,自然资源有限,经济在很大程度上依赖向各国出口,生活成本较高。新加坡国土面积仅为 719.1 平方千米,没有任何战略纵深,没有名山等土地资源发展旅游业,旅游景点建设成本高昂。并且,新加坡没有天然的湖泊、河流,缺乏淡水资源。作为出口导向型国家,新加坡受他国特别是美国市场情况影响非常大,目前正在试图打开中国与印度市场,但是也面临困难。

(3) 新加坡的机会(O)在于数字技术、航空、医疗和能源等几个关键行业的扩张为新加坡带来新的国际合作与就业机会,旅游方式创新、新国际航线开辟为新加坡带来旅游业的发展机会,与中国等新市场合作的加深带来更多发展可能。

(4) 新加坡的威胁(T)在于消费者正在发生改变,旅游业面临其他国家带来的挑战。网络安全与恐怖主义带来高度威胁,而得益于安全机构的帮助,新加坡没有遭受到恐怖袭击,尽管自 2015 年以来,发现了 14 名激进的外国人。但是严格的出入境管理在一定程度上不利于游客的到访。

这些不利因素与威胁有的是近年来随着市场及国际环境的改变而产生的,有的是长久以来一直困扰新加坡的难题。事实上,新加坡一直在创新求变的道路上不断探索。

四、新加坡的城市品牌更新

新加坡是一个对城市品牌非常重视的国家,自 20 世纪 70 年代推出"令人惊讶的新加坡"起,1996 年提出口号"新加坡——新亚洲",2004 年又提出"独一无二的新加坡",到 2010 年的"你的新加坡",直至 2017 年再次提出新的口号"新加坡——激情成就可能",已经历了 5 次品牌的更新发展(见图 4 - 3)。

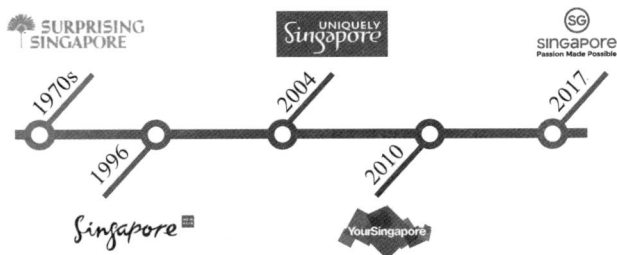

图 4 - 3
新加坡城市标志的演变

为了实现其营销战略,新加坡首先研究了目标市场在过去几年中的发展,以及新加坡的各种计划和活动对消费者的影响,得出了其市场营销的 3 个战略推动力:①讲述一个伟大的新加坡故事;②瞄准正确的目标群体;③加强传达的能力。(资料源于新加坡政府机构旅游网站 https://www.stb.gov.sg)

(一)战略推动力 1:讲述一个伟大的新加坡故事

作为第一个战略重点——讲述一个伟大的新加坡故事,新加坡意识到他们需要塑造一个响亮的城市品牌。在当今世界,消费者对他们接收到的信息有更大的主动权,品牌必须能够讲述更好的故事,才足以吸引消费者并引起他们的注意。因此,他们首先必须有一个伟大的故事,一个由不同的人以无尽的方式讲述的新加坡和它独特的故事。基于新加坡建国的历史与种族纠葛,新加坡需要这样的故事加强民族的和谐团结与自信。为此,新加坡旅游局与经济发展局合作,共同凝练新的城市品牌。他们对近4500名受访者进行了定性和定量研究,探讨了新加坡的含义,接触到了新加坡及其他10个国家的居民、行业利益相关者和国际游客。受访者普遍认为"激情"和"可能性"的主题最能反映新加坡精神,"可能性"与新加坡有着强烈的联系,而"激情"是推动这些可能性的动力。"激情"和"可能性"的主题根植于新加坡的历史中,深植于国家的精神之中,并通过人们的故事讲述,使激情成为可能,是国家实现激情和不断创造新事物的记录和坚韧的体现。通过抓住民族精神,城市品牌将与新加坡人和居民进行沟通,建立亲缘关系。而对于潜在游客和投资者来说,这也将有助于巩固他们对选择新加坡作为旅游和投资目的地的更为强烈的记忆。

经过对城市品牌的重新凝练,新加坡旅游局与经济发展局共同推出了一个统一的品牌"新加坡——激情成就可能",以推进新加坡的旅游和商贸。"新加坡——激情成就可能",其核心是对新加坡及其人民精神的表达,而不仅仅是对新加坡的描述。它通过挖掘当地英雄故事及普通居民的日常生活故事,展现了新加坡独特的心态:一种激情驱动、永不落定的决心精神与不断追求可能性和革新的精神。

这个品牌定位符合优质旅游业的要求,因为它将吸引那些在旅游中寻求更具抱负的价值主张的成熟游客。新加坡以旅游者的激情为目标,吸引那些希望像当地人一样生活,并通过他们的旅行改变生活方式的游客。它吸引游客的不是能做什么,而是游客能在新加坡做什么,在这里他们可以遇到志同道合的人,重新点燃他们的激情。激情成为超越国家、种族与文化界限的沟通媒介,连接着新加坡与它的目标受众。

(二)战略推动力2:瞄准正确的目标受众

第二个战略重点是为想讲的故事找到合适的目标受众。新加坡有丰富的文化资源,既有不同种族居民带来的多元传统文化(见图4-4),又有现代科技与艺术结合的国际顶级新媒体公共艺术作品(见图4-5),还有现代建筑形成的国际化都市景观,著名大学、博物馆、科技馆、美术馆形成的科学文化氛围,以及放松休闲的海

图4-4　新加坡的多元文化

图4-5　新加坡的新媒体公共艺术

滨沙滩度假地(见图4-6)。这些都为新加坡潜在游客提供了多样的选择。为了找到合适的目标受众,需要提高当前的市场细分方法,即以目标群体和市场为中心制定策略。

图 4-6　新加坡的都市景观

首先,将目标客户细分为具有不同角色的全球客户群体。目标受众目前由旅游偏好和收入水平来定义。在全球客户细分市场中,通过将心理和人口分层来加深对目标受众的理解。这将有助于区分不同的角色,反过来又可以提高内容生产来吸引他们的注意。通过检查过去的数据和评估未来的潜力,将探索5个不同的客户细分市场,这些细分市场大致分为以下类别。

(1)早期职业者:单身者或已婚者,一般年龄为25～34岁,有工作。在亚洲,这个年龄段的旅行者几乎占了亚洲国际旅行费用总额(6 000亿美元)的35％。在收入增长的驱动下,到2020年国际旅行支出预计将增长1.6倍。他们寻求真实的体验,使他们能够体验当地文化,并比其他人群更乐于接受新奇的体验。这些旅行者重视旅行体验的自主性,并且对技术高度了解,他们是在移动互联媒体上成长起来的一代人,新加坡充满活力的文化和当地生活为他们提供了不同文化的沉浸式体验。

（2）有12岁及以下幼儿的家庭。亚太地区的家庭旅游是一个价值290亿美元的庞大市场。对于家庭旅行者来说,假期被视为与孩子们建立联系并创造共享的美好记忆的机会。前往新的目的地也是因为孩子们要学习和接触新的经验。新加坡为吸引有小孩的家庭做好充分准备,其多元文化遗产和广泛的教育娱乐提供给父母们丰富的选择。同时,对于带着孩子旅行,新加坡的便利也很有吸引力。

（3）稳定职业者：40~49岁的单身者或已婚者,有工作。稳定职业者是一个有价值的细分市场,他们有较高的可支配收入。在全球范围内,该年龄组是一个快速增长的豪华旅游细分市场,他们倾向于追求高质量和独特的体验。

（4）有活力的银发族：年龄在55岁以上的退休人员。随着老龄化的到来,亚太地区在未来十年内将增加超过2.5亿的银发族旅行者。在2015年,55岁以上的游客贡献了新加坡休闲旅游收入的23%,即便如此也还没有完全打开这个年龄段的经济潜力,需要做更多的工作了解银发族游客的需求。

（5）商务活动访客。商务活动游客是新加坡旅游业的重要组成部分,以30~49岁独行男性为主,2014年人均消费1 195美元,几乎是休闲游客人均消费的两倍。他们重视便利性和服务,期望工作与旅游能够无缝衔接。

其次,通过加强自身的基础建立一个更加平衡的市场组合。在立足亚洲的基础上向亚洲以外的市场多元化发展,这将有助于扩大游客范围。新加坡目前所得到的近80%的游客来自亚太地区,为推动旅游资源的可持续增长,还需要重点考虑4个客户群体的来源：

（1）进一步投资来维持和扩大印度尼西亚、中国和印度市场；

（2）在韩国和越南等亚洲市场加大市场营销力度,实现高速增长；

（3）在美国和英国等传统市场进行更多投资作为缓冲；

（4）增加像俄罗斯和瑞士这样的高增长国家。

（三）战略推动力3：加强传达的能力

当有了一个伟大的故事和目标受众的支持,经营者们需要将故事更好地传递给他们。新加坡需要个性化的营销方式,以确保对目标受众达到最有吸引力的效果。因此第三个战略重点是加强在适当的时间、地点向适当的人提供适当的内容和信息。在这一推动力下,其 4 项战略都集中在构建正确的生态系统,以更好地讲述新加坡故事。正如他们的城市口号所提出的那样:"激情新加坡""心想狮城"(见图 4 - 7)。

图 4 - 7 新加坡城市标志与口号

首先,建立一个数据管理和分析中心,从多个数据来源汲取见解,从而能够以高度个性化的方式对目标市场做出响应,以吸引他们的注意力,引发更深入的参与,产生销售的机会并推动转换。

其次,在这个信息爆炸的时代,问题不在于缺乏好的故事和信息,而在于信息的收集、管理和传播。新加坡旅游局处于构建和管理一个平台的首要位置,以容纳目的地信息和为游客提供更友好的服务。他们创建了一个信息和服务中心,汇集最新的目的地信息内容和服务,并使其在合作伙伴和平台之间无缝传递并及时更新。

再次,让新加坡居民和旅游者通过朋友和家人以口碑的形式讲述自己的故事,由于口碑传播的信任度很高,所以这仍然是最强大的营销渠道。为了向当地居民及旅游者提供正确的信息平台,新加坡实施了以下举措:①政府购买媒体,让当地居民及旅游者接管媒体一天,以便分享他们在新加坡的故事;②使用社会分享平台,让新加坡人通过共同的兴趣和热情与游客和海外目标市场建立联系。

最后,继续大胆尝试新的渠道,以更好地营销新加坡。为了跟上最新的趋势,建立文化和实验机制,新加坡旅游局创建了一个营销创新基金,通过这个基金,有好想法的公司可以与新加坡旅游局合作测试新的营销概念。

第二节 中日城市标志的跨文化传播

中国与日本有着深厚的文化渊源,自秦朝徐福东渡起,中国文化就开始流向日本,从那之后两国不断地进行文化交流,相互融合,可谓同根同源。公元 6 世纪至 9 世纪,隋唐时代是中国的鼎盛时期,而日本相对落后,日本不断派出遣唐使、留学生、留学僧来华,全方面学习中国的制度、文化,同时也有中国向日本的文化传播,如鉴真曾 6 次前往日本,辛勤不懈地传播唐朝多方面的文化成就。随着近代中国国力的衰落,日本转向对西方文化的学习与接纳,而中国传统文化也在现代遭受冲击与破坏,中日两国逐渐走上不同的发展道路,呈现出差异化的文化面貌。然而,根植于中日两国之间的文化基因并没有被磨灭,两国之间仍具有较高的文化相似度,两者仍经常表现出共同的审美与文化特征。尤其是现在全球化成为主旋律,因特网缩短了国与国之间的距离,跨文化的交流与传播与日俱增。当面向世界的时候,我们都有一个共同的身份:“东方”。因此,对中日城市标志的跨文化传播策略的比较与研究就具有了相当的意义,可以在中国城市标志设计中起到借鉴的作用。

一、东方设计语言的含义及其构成要素

(一) 东方设计语言含义

语言是人类特有的沟通方式,在生物或心理层面上反映人类高度演化的心智

能力,在社会文化层面上反映人类的文明进步。而艺术设计语言是在日常语言的基础上,由艺术设计人员运用艺术手法刻画形象、传达思想、表现情感,融铸成富有形象性和视觉感染力的艺术作品。对于东方设计语言的定义研究,学界从不同的角度加以诠释。田君等认为东方设计语言强调对东方设计环境的关注,凝结了设计师对生命哲学的思考。吴碧波认为东方设计语言的实质是对传统文化的挖掘研究,使之适应当代人的认知、审美与体验。刘智海提出东方设计语言就是坚守中国山水画意的本土语境。

(二) 东方设计语言的词汇构成

词汇是语言最小的独立运用的单位,而设计语言的词汇就是组成设计语言的微观因子。

1. 图案

图案在人类生活初期就已出现在生活的各个方面,如陶瓷、雕刻、建筑、染织、服装等。中国联通的公司标识就是由中国古代吉祥纹样"盘长纹"演变而来(见图4-8)。盘长是佛门"八吉祥"之一,传统寓意为佛法无边,后来延伸寓意为富贵延绵、世代相传、子孙延续之意。在此处盘长纹回环贯通的线条象征着无以穷尽、日久天长,同时寓意着联通公司作为现代电信企业的迅达畅通、井然有序。而对盘长纹造型的巧妙拆解,使标志中突显出两个上下相连的心形,形象地展示了通信行业沟通心灵的服务宗旨。

图4-8 盘长纹与中国联通公司标志

2. 色彩

色彩作为一种具有表现力的设计元素,在设计中一直起着重要的作用。传统色彩通过与宗教、伦理、政治、心理等因素的联系,在千百年的发展中形成了一套具有隐喻与象征作用的色彩文化。在色彩使用的过程中,各文明为色彩赋予了不同的寓意和理解,并发展出自己的色彩理论,从而凝练出具有民族特性的色彩文化。如中国传统文化体系中的"五色五方"理论,《周礼》之《考工记》中记载:"东方谓之青,南方谓之赤,西方谓之白,北方谓之黑"。通过对我国传统色彩的研究发现:中国传统色彩体系表达的是天人合一的思想,通过暗示与隐喻建立色彩与时空、自然等的联系,而西方色彩体系表达的是物质二维表面的性质。

3. 书法

书法是中国与日本独特的艺术形态。在标志设计中,以书法绘制的艺术感染力会更加突出。书法中的飞白笔触,它所具有的自由性与延伸性丰富了标志的韵味。在标志设计中恰当地运用书法元素,能够实现民族文化的传承并彰显民族特色,更能打破抄袭西方设计的发展现状(见图4-9)。如靳与刘设计公司为重庆所设计的城市标志,即运用了书法的飞白元素,为标志增添了灵动色彩与传统韵味。而为迎接2020年奥运会,日本为奥运主场城市东京设计了全新的Logo。与以往不同的是,新的东京标志脱离了以往日本严肃的标志风格,运用了传统与现代结合的设计手法,准确贴合"Tokyo Tokyo·Old meets New"的宣传语,迅速打开国际市场,赢得广泛好评。

图4-9 重庆、东京城市标志中的书法元素

(三) 东方设计语言的句法构成

设计语言的句法就是设计语言以何种思想为主导,按照什么规则,将微观的设计词汇有机结合在一起,从而创造出新的设计产品。东方设计句法表现在对传统

"天人合一"理念的尊重,既融合了儒家的"忠、孝、节、义"等观念,也包含了道家的"阴阳""道法自然"观念,以及佛家的"清、静、朴、拙"等,善于运用具有象征意义的表现形式,注重整体画面留白的大小、疏密关系的协调,以及正负形的美观性。东方设计在崇尚自然美的观念支配下,把主体情感体验寄托在客体之中,从而达到澄怀味象、达意畅神的境界,这种心灵外物化的方式产生的结果是对情景交融的追求。原研哉在设计无印良品的视觉形象时,汲取了《道德经》中的"天下万物生于有,有生于无"的思想,以极简的设计理念打动顾客。他强调设计是一种认识世界的新的视角,体现出设计师对事物的感觉与洞察能力,强调万物有灵、众生平等,主张人应对自然抱有敬畏之心,设计师应当感受自然的"虚空"。

霍尔认为信息的传播效应依赖语境高低而产生。高语境指的是在传播时大部分信息存于物质语境中,或内化在个人身上,而极少编码清晰的存在于被传递的讯息中;低语境与之相反。东方社会(如中国、日本)很多都是"高语境"社会,而美国与大部分北欧国家文化倾向于低语境,偏好直言不讳。

东方文化以其在历史长河中沉淀出深厚的内涵与意义,在符号认知上区别于其他文化,给人以庞大深邃而又晦涩难懂的印象。东方文化的高语境表现在其含蓄的表达上,无论是中国还是日本,在文化精神的传递上都甚少使用直白的表述方式。作为东方文化起源的中国,表达意义的方式也是含蓄的。与日本的含蓄表达不同的是,中国是历史长达五千年的文明古国,文化传承繁复驳杂,审美和意识随着朝代的交替不断更迭,孕育出了极其"矛盾"的文化意象。中国文化,可以是"大江东去浪淘尽"的大气磅礴,也可以是"小楼又东风"的婉约;可以是"居高声自远"的清贵,也可以是"草色遥看近却无"的意象美。而何谓意象? 意象是通过抽象来将某种情感活动升华而成的结果。最早中国意象之美的集中体现,表现在古代文学诗词上。在中国古诗词中,大到山川湖海、小到一草一木,皆是意象表达的好手。从文学的融合贯通,到绘画、设计,中国的设计讲究一气流通的情与景。

日本在高语境的含蓄表达上表现得淋漓尽致。如日本作家夏目簌石所言,日本人在表达"I love you"时甚至委婉到运用"今晚夜色真美"这样需要细细体会方能明白其含义的语句,不难表现出日本人对于语境应用和含蓄表达的追求。这一点也展现在日本的审美与设计上。日本拥有小而美的审美观,在设计上细致而内敛。严谨而被秩序束缚的日本社会,也给日本设计带来系统化的独特风格。

二、符号溯源:东方城市文化与标志的演变

(一)中国:从纹章到城市标志

在中国原始社会就已经出现了将动物或者自然具象作为自己部落象征的行为,《山海经》中就有过对原始社会族群部落图腾的介绍,记述了远古社会中的族群对于四象的崇拜,并将龙、虎、鸟、蛇作为各自族群部落的图腾,用来装饰自己,或者在洞穴中、旗帜上作为祭祀、战争的标志。

图4-10 《尚书·益稷》记载的十二纹章

《尚书·益稷》中记述了周代天子在祭祀时身着的礼服会采用绣有十二纹章的"玄衣黄裳"(见图4-10),公爵以及侯、伯等会使用九章、七章和五章以显示等级,在一定意义上相当于家族徽章的存在形式。

在古代社会,人们就有了制作图腾或象形文字来象征群族和部落的意识,然而用于此类象征的图腾发展似乎仅仅止步于此——由于我国古代制度的关系,周朝之后开始实行中央集权制度,是不允许有族群集团或城郡等分裂形式势力的出现,因而已经具备了雏形的城徽在中国历史上也并没有太多登场的机会。

直到1922年,我国的第一枚市徽才正式诞生。时任昆明市政公所督办的张维翰利用自己在西方留学时习得的经验,借鉴西方的城市标志设计手法,设计出了昆明的第一枚市徽,同时也是中国历史上最早由官方确认的市徽(见图4-11)。除此之外,民国时期也产生了一些市徽(见图4-12)。

图4-11 昆明第一枚市徽

图4-12 民国时期的一些城市城徽

奉天　大連　撫順　鞍山

安東　營口　錦州　四平

哈爾濱　齊齊哈爾　佳木斯　牡丹江

新京　青島　濟南　羅津

　　新中国成立后,第一枚城市标志——太原市市徽于1985年4月15日诞生(见图4-13)。太原市标志是由双塔、煤层和火焰组合而成的。双塔是太原的地标建筑,煤层则象征了太原市丰富的煤炭资源,火焰取拼搏向上、红红火火的意象。这个城市标志由多个意象拼合而成,不具有太多设计感,但是至此中国的城市标志设计拉开了序幕。此后广州、南京、上海等更多的城市为了彰显城市文化与历史,相继推出了自己的市徽,开始了城市标志设计的第一个高峰(见图4-14)。

图4-13 太原市市徽(1985)

图4-14 上海市市徽(1990)

2001年,中国香港斥巨资打造了亚洲第一个城市品牌形象"飞龙",而后的大陆第一个城市品牌形象"人人重庆"的诞生,又催生了中国各个城市对于城市形象品牌的设计热潮,城市发展也越来越趋向于品牌化,市徽设计逐渐转向了城市品牌设计,我国的城市标志设计发展进入了第二个高峰。

(二) 日本:从家徽到城市标志

日本城徽起源于家徽,家徽也一定程度上代表着姓氏,因此使得拥有强烈集团意识的日本人可以在家徽的身上找到归属感和荣誉感。

家徽起源于原始社会,形成于平安时代中后期。当时的宫廷贵族们为了方便互相辨认和彰显身份,开始在自己的车轿或者服饰上涂上或绣上精心设计的图形印记,随着时间的推移,这些纹章的形式逐渐固定下来,演变为皇室贵族身份和身世的象征符号,最终成为皇室家族的标志(见图4-15)。

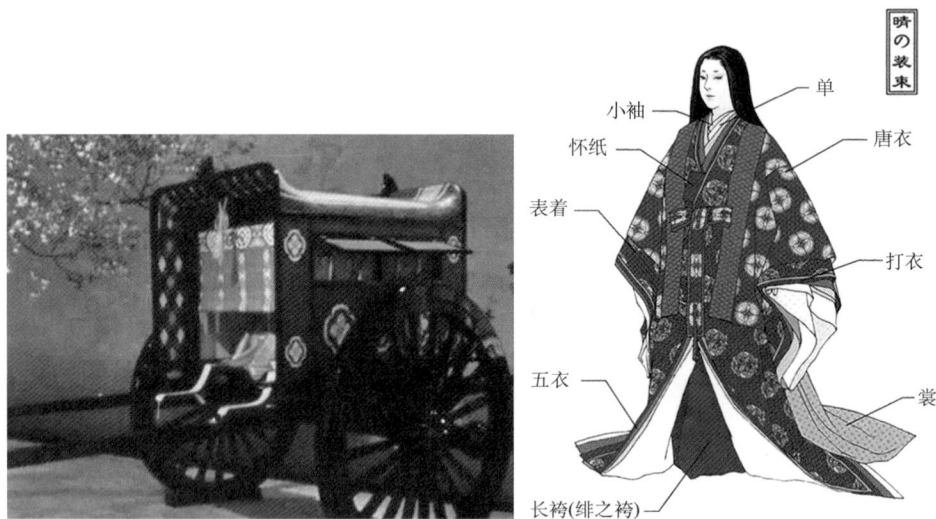

图4-15 平安时代的车轿与服饰

平安时代后期至奈良时代,隋唐文化被引入日本,隋唐在审美上的华丽和繁复也被带入了日本贵族的视野。贵族们将这些外来的纹样作为风尚标杆,结合本国的纹样竞相追捧。而起初家徽只是贵族们从服装、车辇的纹饰转化而来的装饰品,后来逐渐作为一种贵族彰显家世和身份的标志,世代相传。

平安时代末期,源氏与平氏的战争激化,为了在战场上区分你我,武士们开始将代表自己的图案印在战袍、旗帜与帐篷上代表自己所属的队伍,同时作为一种精神支持,也用来以身份震慑敌人,包含着家族的庇佑与兴荣之意。到了镰仓时代末期,几乎所有的武士家族都拥有了属于自己家族的家纹,家纹的发展也由此到了巅峰时期(见图 4-16)。

图4-16 左起依次为:足利尊家纹二引两、丰臣家纹五三桐、德川家族葵纹、织田家族木瓜纹

由于武士阶级在镰仓时代展现了举足轻重的影响力,后人为了纪念他们的战功,开始将最具有代表性的家徽作为城市的形象,例如镰仓幕府的开创者源赖朝所代表的源氏家族的笹竜胆的标志成为神奈川县镰仓市的城徽;鹿儿岛市沿用了古代氏族岛津氏的家纹"丸十字"作为城市的标志徽章;再如大阪府徽章由大阪城的缔造者丰臣秀吉的军旗图案"葫芦"抽象形构成(见图 4-17)。由此可见,日本的城徽起源于家徽,也发展于家徽之上。

源氏家族笹竜胆　　镰仓市市徽　　岛津氏家族丸十字　　鹿儿岛市市徽　　大阪府府徽

图4-17 日本的部分家徽与城徽

作为一种身份识别的标志,日本家徽有较庞大的门类区分。在家徽中,可以很直观地感受到古代日本人对于图腾的崇拜意识。在家徽中运用到大量的植物、光纹等元素,表露出日本人对植物和阳光的崇拜;同时还存在宗教、神鬼之信,如森兰丸族的凤凰神鸟徽、峰须贺正胜族的佛教"万"字徽(见图 4-18)。

图 4 - 18　日本的部分家徽

　　对于日本而言,家族是紧密相连的社会共同体,而城市则是将这些共同体联系在一起的更庞大的家庭。城市标志继承了家徽的意志,强调了以家庭为核心的日本社会对于集体的认同意识和归属感,象征着城市共同体的精神。受家徽的深刻影响,日本的都道府县几乎都以家徽为模型制作城市的形象标志(见图 4 - 19)。

　　二战后随着西方文化的渗入,家纹由于带有封建色彩而受到了社会的否定,在日本社会生活中也逐渐只是作为艺术的一种表现形式出现。以家徽为表现形式的城市标志随着人们审美意识的提高和对西方文化的学习开始有了更多色彩和形态上的变化,一些城市为了展现更好的形象开始了从家徽—城徽—城市形象标志—城市品牌形象的转变(见图 4 - 20)。

图 4-19　日本各都道府县徽章

(a)　　　　　　　　　　(b)　　　　　　　　　　(c)

(d)

图 4-20　城市形象标志的转变
(a)东京城徽；(b)东京城市象征；(c)日本第一版城市标志；(d)日本第二版城市标志

三、符号认知：中日城市标志的文化内涵

在城市 Logo 的设计中，往往并不以单一的视觉符号，而是以视觉符号的综合体来进行设计。这类形式更易于表现丰富的寓意，一般通过文字、几何形和象形图形的配合来展现标志的设计。下文将从这 3 个部分入手，结合文化符号论中的传统文化符号、地域文化符号、风俗习惯符号几个维度来分析中日城市标志中的设计异同。

在中国近年来公布的城市标志中挑选了 18 个案例，如图 4 - 21 所示，涵盖了

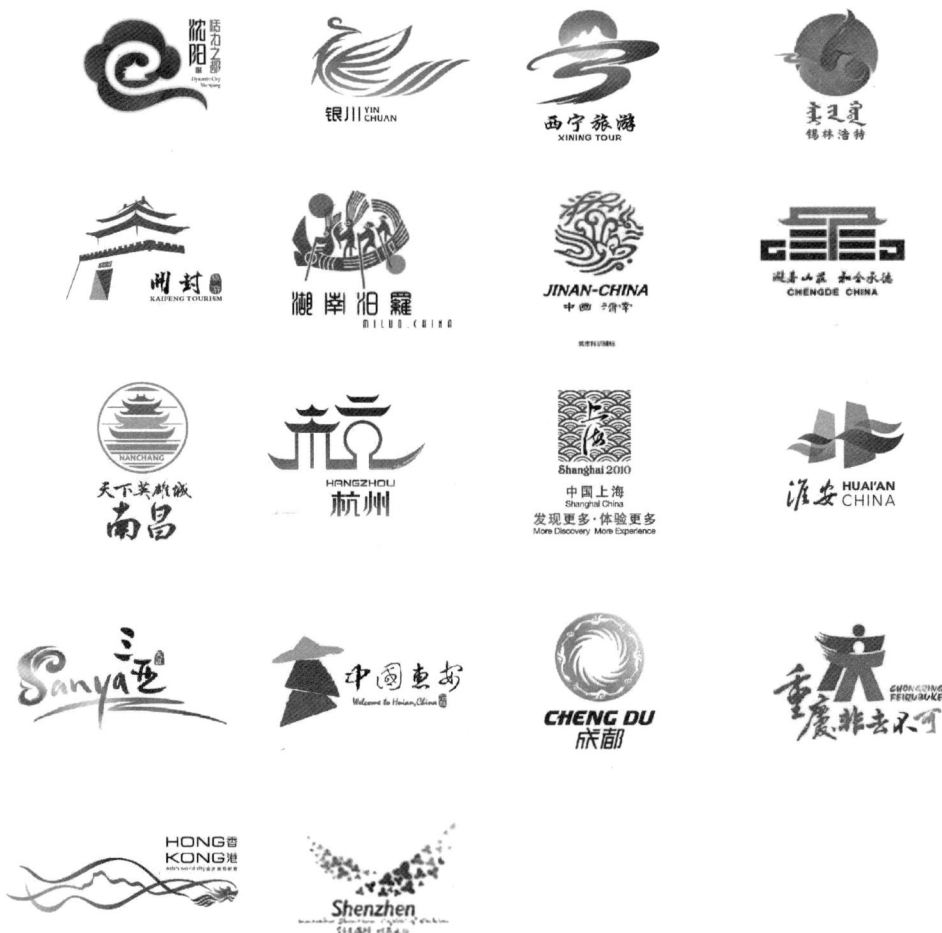

图 4 - 21　中国城市标志案例

东北、华北、西北、华东、华中、西南、华南以及香港特别行政区的城市标志,具有一定代表性。而日本适逢东京奥运会,部分城市标志经历了较大转型和更改,更适应国际舞台的品牌营销策略。在本章节中,由于要对文化符号进行拆解,既选取了最近更新的城市标志,也选择了部分流传度较广、使用度更高的旧版城市标志进行分析(见图4-22)。

图4-22 日本城市标志案例

纵观中国和日本城市标志的总览图,从整体上来说中国的城市标志在色彩上更加鲜活,18个城市标志中单色系的标志有5个,但都运用了渐变的方式呈现色彩;运用超过3种颜色的标志有7个,冷暖色调分布较均。而日本的城市标志颜色较为单一,仅川崎、福岛两市的标志运用了3种及以上色彩,其他均为单色调,或稍加一色作为点缀。在图形和象形方面,中国城市标志的形状、层次更为丰富,呈现出多种意象元素的组合;日本的城市标志停留在平面上,追求简洁、扁平的图像。而在文字方面有一个很有趣的现象:中国和日本都属汉字系国家,对于文字的运用较广,甚至于日本城市标志对汉字的使用比例远高于中国城市。

(一) 中国城市标志中的文化符号

在对上述 18 个中国城市标志图形所蕴含的符号进行分类后,得到以下 5 种符号类型:传统文化符号、地域文化符号、自然环境符号、文字符号和精神象征性符号。

1. 传统文化符号

中国是个注重传统文化的国度,在城市标志中大量运用了传统文化符号,体现出中国对于传统文化的高度认同与文化自豪感。传统文化渗透在各个城市的文化基因中,即使是不特意加以运用,也会在标志的转角飞白之中不经意地显露出来。如上海城市标志元素为水波,但却采用了传统水波的纹样,具有繁复与规律的特征;济南展现的是"泉城"的内涵,呈现的图样却带有汉代画像砖的简约灵动韵味。除此之外,开封、三亚、韶关等城市标志都采用了印章的形式,这是中国传统文化的典型性符号。而成都、沈阳、汨罗的城市标志都反映出对中国文化审美意象的追求。

成都城市标志的核心图案是"太阳神鸟","太阳神鸟"是 3000 年前的古蜀先民设计的一种金饰,是中国文化遗产之一,也是代表成都历史文明的瑰宝。图案中独具包容性的环形与围绕圆心不断旋转的太阳,暗喻成都作为中国西部特大中心城市、西部大开发引擎城市,开放包容、活力无限的城市特质。沈阳的城市标志的灵感则来源于云纹石刻,主体部分使用了沈阳市花玫瑰和代表着吉祥的中国传统图案祥云两大元素,中间则是沈阳故宫的剪影,打造了"清文化""福地"的意象。而汨罗则紧紧抓住屈原的历史典故,用楚国漆器的艺术手法对"中国龙舟名城"的核心概念加以表达(见图 4 - 23)。

图 4 - 23　中国城市标志中的传统文化符号

2. 地域文化符号

1) 风土人情符号

中国城市标志中，有以当地风土人情、节日活动等作为主要视觉元素的设计。此类图形一般采取具象的设计表现手法，使观众能够直接产生联想。如锡林浩特作为一个坐落在草原上的城市，赛马是人们生活中的日常，而且是该城市的特色，所以它的城市标志就以草原和马为设计元素。而惠安以惠安女的形象闻名于世，她们以奇特的服饰，勤劳的精神闻名，展现出特殊的民间风情，标志用3种色彩概括出惠安女的造型，一目了然(见图4-24)。

图4-24
中国城市标志中的风俗习惯

2) 地标建筑符号

地标建筑是众多中国城市标志中较为常见的设计元素。在使用中，既有直接把标志性建筑作为标志主体图形加以使用的，如南昌直接绘制出滕王阁的造型，开封标志是开封府城楼的剪影；也有结合其他设计元素，将标志性建筑作为设计中的重要组成部分的，如沈阳主体部分结合了沈阳市花玫瑰和代表着吉祥的祥云两大元素，中间则是沈阳故宫的剪影；还有将建筑结构作为一些具有典型性的符号元素，在标志设计中重新加以组合的，如杭州城市标志巧妙地将建筑的屋檐、凉亭、拱门、游船等形象融汇在一起，形成篆书"杭"字(见图4-25)。

图4-25　中国城市标志中的风景建筑元素

3. 自然环境符号

自然环境符号在中国城市标志中出现的比例也非常高,名山大川、江河湖泊等都可以成为吸引旅游者的重要因素,因此它们常常被作为视觉符号应用于城市标志的设计中。如西宁标志中以雪山、大河、草地作为元素构成"宁"字,以突出西宁的地理环境特征。济南、淮安、上海则用 3 种不同风格的水纹,分别展示出它们所依托的泉水、运河以及海洋 3 种不同水体特征(见图 4 - 26)。

图 4 - 26 中国城市标志中的自然符号

4. 文字符号

前文提到,中国城市标志的一大特色就是对汉字的融合使用,文字在标志中非常重要的作用是能够直观获取标志代表的含义。在 18 个城市标志中有 5 个运用到汉字作为主要视觉元素,并且进行了文字图形化的加工,融进其他元素与意象。如重庆的标志,以人形作为主要视觉元素,两个人组合而成"庆"字,展现重庆"以人为本"的精神理念。承德将文字与当地建筑特色相结合,既是建筑又是"承"字。杭州、银川、西宁也采用了同样的设计手法(见图 4 - 27)。

图 4 - 27 中国城市标志中的汉字元素

除了对汉字的广泛应用之外,英文在中国城市标志中也被大量运用。如三亚是将英文名称融合进孔雀的造型与笔墨的书写方式中;淮安则是用英文首字母"H"结合水纹进行设计。另外一种对于文字运用的设计趋势,则是韶关市标志的设计方法,由拼音和汉字两者共同组成,将"SHAO"4 个字母排列、变形排列成"善"

字(韶关号称"善美之城")。横向看是拼音、纵向则是汉字。这是一种将国际趋势和中华民族文化相结合的设计方式,无论是在对外传播还是在本民族之间的文化传播中都起到了高辨识、易解码的作用(见图4-28)。

图4-28 中国城市标志中的英文元素

5. 精神象征性符号

精神象征性符号是指在人们的生活中经过长时间形成的,除了事物原本的意象之外还具有特殊象征意义的符号,而这些意义一般涉及精神领域,如宗教、哲学、信仰、人生目标等。一些精神象征符号属于传统文化符号的部分,如龙、凤、麒麟,以及太极、如意、福禄寿等。香港城市标志以飞龙作为图形符号,以体现香港作为中国对外经济文化窗口的定位,并展现香港人勇于冒险创新、积极进取的精神,以及不达目标绝不放弃的坚毅意志。还有一些是现代的精神象征符号,如银川城市标志采用蝴蝶形象寓意自由,香港飞龙标志中的彩带也象征着香港人"我做得到"的拼搏精神,以及环保、可持续发展的理念(见图4-29)。

图4-29 中国城市标志中的精神象征性符号

(二) 日本城市标志中的文化符号

1. 高度程式化的文字应用

在日本由城徽演化而来的传统城市标志中,非常多见的是高度程式化的几何形设计,将城市的名字、地域文化以标准的格式和方法提炼出来,组成寓意相似的标志(见图4-30)。这是一种非常高语境的、系统的城市标志设计方法。

图4-30　香川、福冈、宫城城市标志

多数程式化的日本城市标志,都会运用到城市名称的平假名、地域特质或市花等元素。如图4-30所示,香川的标志(见图4-30中左1)将"カ"①与多山地形融合;福冈则使用了高度程式化的"ま"字型与花型的融合;而宫城的城市Logo(见图4-30中右1)使用了宫城"み"②的程式化平假名,也代表了宫城的县花——胡枝子。

高度程式化是一种复杂的文化编码,它具有两方面的意义:①具有法规、规则等方面的完整系统;②具有与某些秘密事件相关的密码,比如代表任何意义的字母、数字或其他象征符号。它带来的结果必然是使不同文化背景的受众在对其中蕴涵的密码进行解码时无从下手,即便将城市文化高度浓缩成为简洁的图像,在符号意义的表达上仍处于缺失状态。

2. 汉字符号

日本城市标志中对于汉字的应用也非常多见,甚至运用的比例超出了中国城市。所引标志中的川崎、九州都是单纯以汉字作为图形设计的,津山、福岛的城市标志也包含了汉字,并占据重要位置(见图4-31)。由此体现出中国传统文化对于

图4-31　日本城市标志中的汉字元素

---

① 香川:日文平假名全称为かがわけん,此处采用的是首字母か的片假名形式"カ"。
② 宫城:日文平假名全称为みやぎけん。

日本的久远影响。以汉字为元素进行标志设计,具有高度的抽象性与概括性,体现出简约、现代的气质,同时也具有东方的神秘感,但对于东方文化圈之外的受众来说,理解起来会有一定困难。

3. 地域资源符号

地域资源符号的融合,是中国和日本在城市标志设计上惯用的手法。津山的城市标志结合了当地的地理特征、平山城以及每年盛放的樱花。福岛市是位于日本东北地区最南端的一个城市,其地盛产水果,樱桃、水蜜桃产量位居日本第二,不少海外游客受到当地美丽景色的吸引,都把福岛作为重要的旅游目的地。宫崎县位于日本列岛南部的九州东南端,气候温暖,日照时间长,被称为"日向国",风景充满南国的情调。因此它的城市标志以一轮暖洋洋的太阳作为图形(见图 4 - 32)。

图 4 - 32 日本城市标志中的地域资源符号

日本这些新推出的城市标志在地域文化符号的运用上,虽然也采用了意象的手法,但视觉符号不像之前的标志被高度浓缩聚合成为一个抽象图形,而是保留了具象的形象。

4. 外来文化符号

在日本的城市标志中,常见六芒星元素。如京都的城市标志,便是被六芒星包裹的"京"字型(见图 4 - 33)。作为古都城的京都,在明治时期便是日本的中心,形

图 4-33 京都城市标志

形色色的外来使者将外来文化传播至京都。明治维新后，犹太共济会曾在日本活动。在日本的民间文化中甚至有"日犹同祖论"的说法，犹太文化中的六芒星元素在日本社会中的确拥有一定影响。事实上不仅仅是京都，日本大量老旧的城市标志中都蕴含六芒星元素，如东京的城徽（见图 4-34）。

　　而随着时代的演进，犹太文化对日本的影响已经非常小，日本在积极学习西方文化的基础上也在不断回顾东方文化对日本产生的积极影响。从东京的城市标志演变中可以看出来其自身文化定位的变化。新的东京标志将 Tokyo 用传统书法与无衬线体结合，辅以印章造型的涩谷斑马线，展现出坚守东方传统文化，同时向国际敞开怀抱的积极心态。

图 4-34　东京城徽与新城市标志

四、中日城市标志的跨文化传播策略

　　由于文化差异的存在，外部公众会对不同于本城市的文化有强烈的好奇心，甚至是产生排异心理和焦虑心理。高低语境的差异，使东方文化在进行跨文化传播时尤其困难，因此如何打破文化的壁垒，实现跨文化的城市传播是目前东方城市品牌建设的主要目标。

　　中国和日本在城市标志的跨文化传播中都有相对成熟的应对策略，并在国际化趋势中寻找将本文化低语境编码的设计方式。目前中国和日本对于城市标志跨文化传播的方式主要有以下 3 种：

　　（1）品牌化与市场化。品牌化和市场化是相辅相成的关系。在市场化发展进程中,品牌早已不是品质区别和证明这样简单的含义,现代品牌化的根本是创造差别让自己与众不同。追溯根源,中日城市拥有相近的历史文化,要做到创造差别,必须要深入挖掘各城市之间的文化特色。

(2)本土化与社会化。城市标志的跨文化传播,不只活跃在国际舞台上。由于城市文化具有区域性和独立性,在本国或东方区域范围内的城市之间的传播也尤为重要,先达成本源文化之间的相互理解,才能够理解文化的创造和分野,更好地延续文化。

(3)现代化与国际化。城市文化在进行跨文化传播时,不仅注重传递城市文化内涵核心,也注重将其呈现为接受者习惯的形式。高语境的传播依赖于受传者本身对于文化的认知程度,而低语境对于文化的认知则并不重视。高语境文化自上而下的传播模式,导致低语境受传者在对符号进行解码时困难重重,显然这种模式不是解码符号的有效方式。

(一)日本城市品牌发展策略

1. 放低身段,切实应用到生活中的方方面面

在品牌化与市场化方面,日本积累了丰富的经验。日本的城市标志是作为官方标识使用的,所有政府文件、资料和相关设计上都能够看到城市标志的运用。文化创意产业特别发达的日本,也经常将城市标志投入文创产品中使用,设计出富有收藏价值、实用价值、传播价值的城市周边产品。并且,日本对于城市的品牌化能力,具有强烈的创新意识,非常善于将传统文化与流行文化相结合来进行城市品牌建设。如2017年,千叶市出于对流行文化振兴的目的,将自己的标志与动漫文化联动,推出了一日限定"初音未来"市徽。动漫文化在日本现代流行文化中是非常重要的一环,也是国际对日本现代流行文化中认同度最高的一种,甚至在日本国家品牌建设、城市品牌建设中都占有极重要的位置。虽然千叶市本身并不是动漫文化产业发达的城市,与"初音未来"进行联动不过是2013年日本网民发现千叶标志与"初音未来"有相似之处,而四年之后"初音未来"10周年纪念日的那一天,千叶市的标志真的变成了"初音未来"的形象。除一日限定外,还推出了千叶市限定的"初音未来"产品,增加城市周边产品购买力的同时,有效地将千叶市标志市场化、

品牌化(见图 4 - 35)。

图 4 - 35　千叶市一日限定市徽

　　同时,日本城市形象结合吉祥物进行推广,代替城市标志出现在公共物品或政府活动中,如交通卡、地铁或政府募捐活动,用吉祥物的头像作为俏皮可爱的第二城市标志,弥补古旧、系统的纹章化标志所带来的沉闷感。吉祥物可以使用更直观的方式融合城市文化,表现城市独特的内涵,将城市文化降格,迅猛高效地使城市文化形象品牌化。其中最有影响力的当属熊本熊,熊本熊是日本熊本县在新干线通车后用以推广熊本县而设计的吉祥物,在 2011 年被授予熊本县营业部长(是仅次于熊本县知事、副知事的第三重要职位)兼幸福部长,成为日本第一位吉祥物公务员,负责宣传熊本县的旅游景点及特色产物。熊本熊依靠自身呆萌的形象,成为在世界上拥有极高人气的吉祥物,2017 年熊本熊的周边产品销售额超过 1 400 亿日元(见图 4 - 36)。

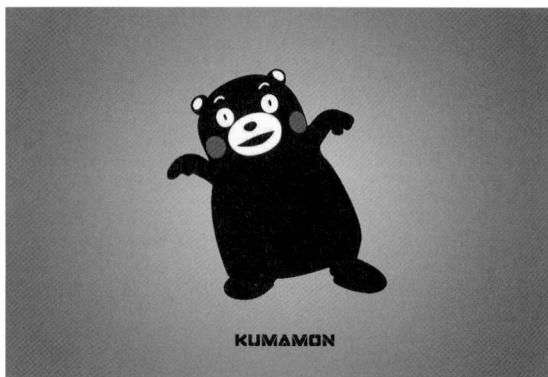

图 4 - 36
熊本熊形象

2. 脱离程式化设计

2018 年新的"Tokyo·Tokyo"标志,是为了 2020 年东京奥运会所设计的更适应国际的新 Logo。它保持着日本对于简约美的追求,却已经脱离家徽对城市标志的影响,不再具有强烈的"纹章"形态。对于标志蕴含的符号表达,也逐渐从文化的传承走向了文化的碰撞。东京的新 Logo,以代表传统文化的字体与代表现代文明的字体结合,表示出东京正在融合自己的文化。

同样应 2020 东京奥运会而改版城市标志的还有川崎市。从简单图形组合到"川"字的转变,可以看出日本的城市标志在文字运用上走出了一大步(见图 4 - 37)。文字在 Logo 中最显著的作用就是辨识度高,单"川"字的运用也突破了高语境的限制。而这个标志中的"川"字也保留了日本在设计上对简约美的追求,并融入了多色彩运用方案,随时可以根据应用场景变换配色,增加了标志的趣味性。在新的标志诞生时,设计者还专门为它制作了标志说明宣传片,用简单的概念阐述了标志的形态、色彩变化及含义,使不同文化系统的受众能够对新标志有明朗、直观的印象(见图 4 - 38)。

图 4 - 37　川崎市新旧标志对比

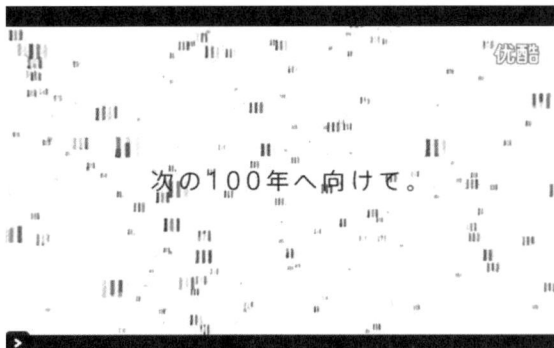

图 4 - 38　川崎市新标志宣传片截图

作为历史文化的传承演变,程式化、纹章化的城市标志在日本国内沿用度较高。作为市徽,它们已融入日本民众的生活。然而对于不同文化系统的受众而言,这样的标志语境之高,势必对跨文化传播造成强烈的阻碍。日本已经意识到"纹章化"的城市标志所面临的跨文化传播困境,试图逐渐从程式化中脱离出去,规避高语境所带来的解码困境,正在探寻城市标志设计的新模式。

(二) 中国城市品牌发展策略

由于中国幅员辽阔,各个城市的地域文化都存在巨大差异。因此在意象上进行区分,使每个城市文化独立出来,是达成中国城市标志跨文化传播本土化策略的最佳方式。纵观中国城市标志设计,每一个标志都有其独特的风格,色彩、图形、文字元素都完全不同,对于标志媒介本身,中国城市标志已具有本土化的基础。

然而,中国城市却并不善于使用它来进行品牌建设,市场化和品牌化都表现平平。一是城市并不将城市标志作为官方标志使用,中国的城市标志多用于旅游业或是某些国际会议、论坛、活动等。二是高语境文化所带来的文化壁垒使中国标志走向市场化困难重重,且没有合适的、有国际认同度的新兴文化能够将二者融合,势必无法像日本一样用融合文化的方式"走捷径"。如何扩大城市标志传播面,结合多产业进行传播,也成为中国城市标志传播本土化的未来重要发展方向之一。

东方文化的含蓄表达,在平面设计中是提升意境和美感的方式,它能够在平面之中创造出高级场景感。然而 Logo 是一种需要新颖性与冲击力的设计形态,它承担着迅速将某一组织、团体的信念、文化、精神传递出去,有效建设团体凝聚力的作用。如何破除高低语境的文化壁垒,将城市精神形象地进行编码,仍是中日城市标志设计道路上所要持续思索的问题。只有将东方城市的恢宏文化与现代精神相结合,才能真正走向世界舞台。

第三节　跨文化传播视域下的中美城市标志

前文将东方文化框架下的两个国家中国和日本的城市标志设计策略进行了对

比分析,中日文化都属于高语境传播的文化,偏向于含蓄委婉地表达自身的诉求与情感。那么与之相比,低语境下的欧美文化又会有怎样的城市品牌形象传播策略?我们仍然试从城市标志设计的角度出发进行研究。

一、研究背景

中国与美国作为东西方文化的代表,有着不同的文化特征、历史背景以及发展状况。中国是一个有着五千年历史的古国,历史文化源远流长,而相比之下美国只有两百多年的历史,主导美国的文化是欧洲文化。美国人的自我认知意识较强,相较于中国人,美国人更习惯于以自我为中心,美国的文化强调个体主义(individualism)以及个体的独立。中国人则崇尚集体主义(collectivism),认为个人从属于社会,个人利益应当服从集体、民族和国家的利益。

2008年,心理学家Masuda等人进行了一个前景/背景识别的心理学实验,分别测试了集体主义国家(日本)和个体主义国家(美国、加拿大)的人理解他人情绪的方式。实验者给受验者展示了如图4-39所示的两张不同的图片:①图片中前方站着一个微笑的人,而身后的四个人呈现悲伤的表情;②图片中前方站着表情悲伤的人,而身后四人在微笑。在展示后,询问受验者对两张图片的情绪感知。结果发现,日本人的视线时而关注前景人物的表情,时而从前景人物转向背景,关注背景人物的表情;而北美人的视线一直盯在前景人物的脸上。在考量中间人的情绪的时候,北美参与者会更倾向只去注意前景人物的面部表情,而忽略其他四个人的情绪,而日本参与者对身后四个人的表情更加的敏感,也会把其他人的情绪带入到理解前景人物的情绪中。由此可见,集体主义国

图4-39 前景/背景识别的心理学实验

家和个体主义国家的人由于生长环境的不同以及文化的差异,对于图片有着不同的见解。那么,是否由此可以猜测中美两国对于城市标志也会有着不同的设计偏好呢?

二、跨文化视觉传播研究综述

(一) 色彩

1. 色彩的识别与表述

色彩是设计中一种非常重要的视觉要素,它在视觉传播过程中具有优先性,受众在看到一幅画面或者一个设计图形时,最先识别的就是其中的色彩。按照认知理论的群魔殿模型,图像识别可分为 4 个层次:①"映象鬼",执行最简单的任务,记录外界的原始形象;②"特征鬼",负责寻找与自己有关的图像特征;③"认知鬼",负责从"特征鬼"找到的图像特征中寻找自己负责的相关特征,当发现了这种特征时,它就发出信号。当发现的特征越多,"认知鬼"发出信号的强度也就越大;④"决策鬼",根据众多"认知鬼"信号强度的大小,选择其中最强的"认知鬼"的反应,判断为所要识别的图像。色彩是视觉信息中维度最为简单、逻辑性最为清晰的元素,根据"群魔殿"理论,"特征鬼"与"认知鬼"在执行色彩任务时最为快捷有效。

色彩共有 3 个维度,分别是色相、纯度、明度。色相是指色彩的相貌、样子,用以区别各种不同色彩的名称;纯度指的是色彩的饱和程度,也就是色彩在多大程度上可以不受干扰地表现出自己的本来面目;明度是指色彩的明暗程度。其中色彩的纯度越高,在判断色彩的色相时也就越容易。明度升高或降低都会使色彩的纯度降低,进而影响对色相的判断。

美国艺术家阿尔伯特·孟塞尔于 1898 年创制了孟塞尔色立体系统(见图 4 - 40),把色相、纯度和明度分离成为感知均匀并

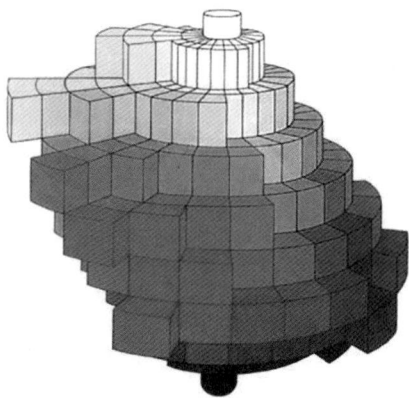

图 4 - 40　孟塞尔色立体系统

独立的 3 种维度,用数字来精准地描述各种色彩。色彩的这 3 种维度组成了一个类似地球仪的立体模型。连接南北两极的轴为明度标轴,北极为白色,南极为黑色,南北极之间为由浅至深的灰色,北半球是明色系,南北半球是深色系;色相环位于赤道线上;球面到中心轴的垂直线表示纯度系列标准,越接近中心纯度越低。1914 年,德国人奥斯特瓦德推出了奥斯特瓦德颜色系统,但由于在使用中不能满足需要,逐渐被淘汰。

2. 色彩的情感

不同的色彩传达不同的含义和情绪,通常会影响消费者的感知和行动,在设计中运用合适的颜色可以帮助公司更好的定位和区别于他们的竞争者。阿斯拉姆在一篇市场调查研究中发现,不同的色彩在不同的文化中有着不同的含义。对于色彩与人类行为的关系,两个学派给出了不同的见解。一种来自汉弗莱,认为人类对于颜色的反应是天生的或者说是一种本能,他解释颜色直接触发人类大脑的情感反应。而另一学派有学者却认为人类对于颜色的反应来源于不断接触以及学习新鲜事物,从而看到不同的颜色会联想到不同的事物,对于颜色的偏好是随着时间的推移而被学习的一种共享通用的情感,或者是通过以往积累的经验也可能是语言导致的意识中的联想。

克罗泽认为,颜色关联的差异更多的是潜在的哲学、宗教态度的差异,而不是颜色感知的天生差异。例如,橙色是印度教徒和佛教僧侣的神圣色彩,但一些赞比亚人甚至认为它不是一种单独的颜色。同样,在南非科萨族的珠饰中,黄色与新生活有关,绿色与生育有关,孕妇则穿黄色和绿色珠子。白色在亚洲国家象征着哀悼和死亡,但在美国、澳大利亚以及新西兰却象征幸福和纯洁。蓝色在美国常常被企业用于代表色,象征着高质量和好品味,值得信任还有可依靠,而在中国,蓝色不仅可以代表值得信任和依靠,也可以代表冷酷、寒冷。蓝色在荷兰代表温暖,在瑞典代表冷酷,在伊朗代表死亡,在印度代表纯洁,在马来西亚代表恶魔。

色彩在不同的文化中代表不同的含义,因此在不同文化之间的审美以及表达的方式也各不相同。红色在中国代表幸运和爱,很多新娘也会选择在结婚那天穿上传统的中国红颜色的婚纱。在美国红色不仅代表爱,也代表男性化、强烈的欲望以及恐惧和愤怒。黄色在美国代表着温暖、快乐,而它在中国意味着愉快、良好的品味、进取、权威、皇室和值得信赖。紫色在中国和美国以及日本被认为是代表着爱情的颜色,也同时被中国人认为是昂贵的颜色。黑色在美国文化中代表了悲伤以及惋惜,它一般是祭司和大法官的礼服颜色,但在中国也有值得信赖和高质量的含义。

(二) 图形符号

1. 消解语言障碍的图形符号

人们通常借助语言文字来表达思想、传达信息、传递情感、交流互动,但面对跨文化语境时,语言文字往往是无能为力的。据调查统计,世界上约有5 000多种语言,这些语言相互之间大多是不能互通的。为了消除国际交往时的语言障碍,波兰籍犹太人柴门霍夫博士于1887年创立了世界语,但由于没有文化载体作为支撑,世界语并没有得到广泛应用。

国际化问题促使各国寻找新的解决方案,于是想到了图形这种非语言的符号。1974年,美国政府委托美国平面设计学院设计了具有通用性的34种交通标志,得到国际社会的认同。随着国际经济、技术交流合作的增加,诞生了ISO国际标准。在ISO视觉符号体系中,设计师使用了具有国际共识的图形符号作为视觉载体,对民族图形进行了必要的加工与简化,使文化内涵隐含在图形背后,随着ISO视觉符号体系的推广逐步被公众所接受(见图4-41)。

图4-41 ISO视觉符号

旅美华人艺术家徐冰,用搜集来的视觉符号设计了一套《地书》(见图4-42),非常形象地展示了他一天的生活状态。这本书正如徐冰所说,无论读者是什么文化背景,只要是卷入了当代生活的人,就可以读懂这本书。

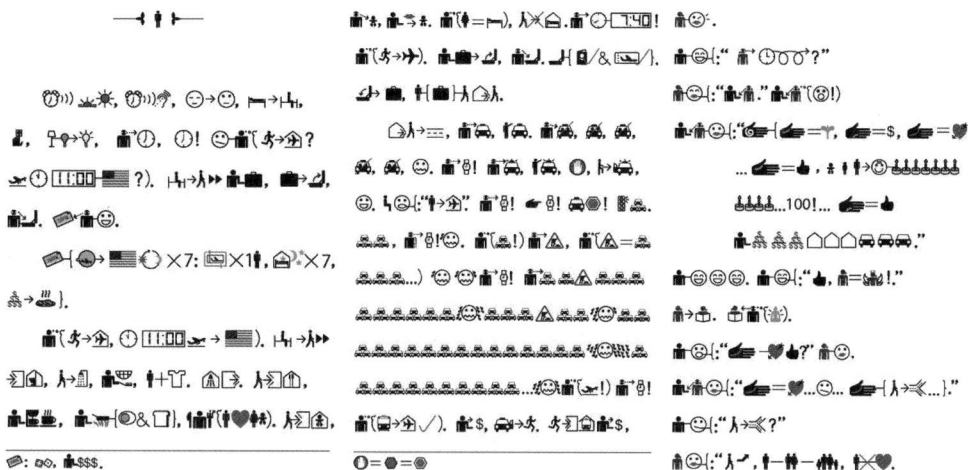

图 4-42　徐冰作品《地书》局部

图形符号作为人们思想意识活动的反映,具有时代性特征,依托于当时社会的思想意识、经济文化发展程度。如二战期间,美国杂志以女性为主要读者,杂志在视觉符号上突出营造和平、温馨幸福的生活氛围。正如卡斯帕·豪泽尔所说,时代的特殊历史条件决定了艺术风格的激进还是保守。

图形符号还具有地域性,它与社会具有密切的关联性。某些图形符号,只有出现在特定的情境中,才能真正理解这些视觉符号的含义。只有城市标志具有鲜明的地域性,生活与工作在这个城市的居民、工作者才更容易理解城市标志的内涵。而从未接触过这个城市的潜在游客与投资者,对其意义的理解往往是不全面的,甚至是偏颇的。

2. 标志图形的跨文化研究文献

卡普费雷的研究发现,标志是在跨文化传播中经常使用的一个不变的形式。亨德森和科特在了解更广泛的设计特征的早期尝试中发现 3 个基本维度对设计非常重要,即精巧、自然、和谐。精巧是指设计的丰富性和捕捉物体本质的能力;自然指设计表现的是人们常见的、有经验的物体;和谐指的是图形与设计部分的一致性。如图 4-43 所示,他们以图例对观点进行了说明,分别列举出 11 个具有较高与较低精巧性等维度的案例。拉尔夫等对设计的感知和反应的普遍性进行了实验,从 10 个国家(阿根廷、澳大利亚、中国、德国、大不列颠、印度、荷兰、俄罗斯、新加坡和美国)收集数据进行测试。后来将 10 个国家减少到 3 个对标志设计维度有不同反应的跨国集群:欧美地区、亚洲和俄罗斯。研究发现不同国家对设计维度的感知基本是相似的,这表明精巧、自然、和谐是普遍的设计维度,在对重复、比例和平行的认知方面也比较一致。但也有进化心理学者,如亚当斯等,认为人类对视觉刺激的反应是由基因决定的,相对不受文化影响。

图 4 - 43

三、研究方法与假设

图 4 - 44　25 个中国省会城市标志

本章节将基于跨文化传播的视域,采用认知心理学中的相关理论,对中美两国各 25 个省会城市的 Logo 在色彩及图形上的不同设计进行内容分析(见图 4 - 44、图 4 - 45)。为了调查两国对设计认知的看法以及对不同 Logo 的喜爱程度,调查问卷从中国及美国各随机抽样 10 个 Logo 来进行判断,本研究采用了 20 个来自加拿大的参与者和 20 个来自中国的参与者,分别判断了自己对 10 个中国城市标志和 10 个美国城市标志的喜爱程度,在调查问卷的开头参与者被告知需要在填写调查问卷之前仔细阅读亨德森和科特关于设计维度的理论及其案例,从而对形状的设计维度具有一定判断,其中包括复杂度、流动感、立体感、写实度、圆润度、对称度、平衡度。此外,运用色彩心理学对中美城市

图 4-45 25 个美国省会城市标志

Logo 进行色彩认知分析。

　　由于中美文化差异巨大,中国属于东方文化,注重集体主义思想,而加拿大与美国有着相同的背景文化,更注重自我以及个体主义思想,可以假设来自加拿大的参与者会更倾向于喜爱美国的城市 Logo,而来自中国的参与者会更喜爱中国的城市 Logo。由于地域文化的差异,不同国家的设计师所做的城市标志设计风格也会不同,东方文化中对民族团结与社会和谐的重视,也可能在设计城市标志中有所体现,由此假设中国的城市标志会在圆润度、对称度、平衡度这 3 个方面得分高于美国。

四、研究结果

　　有研究表明和中国最密切相关的颜色是红色,而美国与蓝色更加密切关联。这一说法在两国的城市标志设计上也是成立的,红色在中国城市标志设计中出现了 15 次,是所有颜色中出现最频繁的一个颜色;而在美国的城市标志设计中,出现最频繁的颜色是蓝色,共有 18 个标志以蓝色为主要色调。同时研究发现一个有趣的现象,中国城市标志的色彩更为丰富,超过 3 种主要颜色的有 8 个,而在美国的样本标志中只有 2 个城市标志中的色彩超过了 3 种。这与通常认为的东方文化更为含蓄内敛,而美国文化张扬奔放有所不同。

通过中、加两国受访者的问卷调查结果发现,来自中国和加拿大的受访者都认为普遍中国的城市标志更为复杂(中国城市标志复杂度3.8/5,美国2.7/5),并且代表性(写实度)更高(中国城市标志写实度3.2/5,美国写实度2.9/5),这点不难理解,因为中国城市标志的设计多数在描画一个具体的事物,例如杭州的拱桥,长春的木兰花,海口的椰子树,西安的拱门等,而多数美国的城市标志相对更为抽象,除了个别的市徽选用了较为具象的设计图案。另一个原因是因为中国文字相较于英文字母更为复杂,以及中国设计师对于城市标志设计的色彩运用更加丰富。跟预期猜想的一样,中国城市标志跟美国标志在对称度(4.0 VS 2.8)和平衡度(4.4 VS 3.0)有着较为悬殊的差距,在选取的10个样本中除了银川,中国其他的城市标志都有很高的平衡度以及对称度,甚至大多数样本可以说是完全对称(例如西安、长春、成都等);美国的样本中只有哈特福特和哈里斯堡的市徽是对称的,其他的设计都并没有运用设计上对称和平衡的理论。圆润度上并没有很大的差异(中国城市标志2.7,美国城市标志2.8/5),美国的哈特福特、哈里斯堡、塞伦市市徽在这个项目上得分较高,而中国的海南及成都在这个项目上得分更高。美国城市标志的立体度为2.1/5,中国为2.5/5,其中合肥及杭州是受访者觉得相对比较立体的两个标志样本,美国得梅因市的立体度也较高。在流动感方面没有明确的差异(中国2.1 VS 美国2.2)。

在喜爱度上调研的结果和预期相近,中国城市标志更受来自中国的受验者的喜爱,美国城市标志则更受加拿大人的青睐。据线下采访发现,中国的市民更喜欢中国的城市标志,因为他们觉得中国的标志相较于美国更容易理解,也更有内涵,而美国的设计相对于比较死板。而加拿大人认为,美国的标志更简单易懂,更现代化和大气。原因有以下几点:①中国的很多设计是从汉字演变而来,很难被不懂汉字的人所欣赏和理解,例如很受中国人喜爱的杭州以及西安的城市标志,对他们来说可能看不到设计师巧妙的心思;②加拿大人和美国人有着相近的文化背景,所以更加认可美国对标志设计精简的想法,相对于复杂的设计,他们更喜欢简单大气的表达,例如美国城市标志中很多设计的重心放在了城市名字上,名字大小的比重较大,让人一眼看过去就先注意到城市的名字。此外,美国多数的城市标志更凸显了简单的线条和字母的表达。

五、总结

随着中国城市的国际化发展,城市品牌创建的重要性越来越引起人们的关注,拥有一个让人印象深刻,并具有代表性的城市标志是创建国际城市品牌的重要部分,对推进城市国际化将起到重要的作用。本次研究发现,东方与西方人因为文化背景的差异,对色彩与图形符号的认知也有所不同。相同文化背景的人们更能对彼此的设计互相欣赏的一个重要原因是对异质的文化的不熟悉。具体表现为加拿大受验者在评价中国的城市标志时普遍不能理解设计师的用意以及构思。因此,如果要中国城市标志给国际观者留下深刻的印象,起到国际化推动城市发展的作用,应当加强图形符号在城市标志设计中的比重,同时多从图形的国际通用性的视角进行考量,以消解不同语言所带来的文化障碍。在语言文字上提供多种语言版本的选择,以增强国际受众的理解。

第四节 "一带一路"沿线国家城市品牌形象的跨文化传播

2013 年 9 月和 10 月,习近平总书记提出的"一带一路"重大倡议,得到国际社会的高度关注。"一带一路"旨在实现基础设施互联互通、鼓励贸易畅通和共享发展,而城市品牌是"一带一路"沿途国家与城市的重要资产,是其在合作共赢、共同发展的过程中,塑造自身形象并突出自身优势、以差异化竞争促进多方协作的不可或缺的因素。正如科勒指出城市品牌是一种全球趋势的本地表达,它使世界各地的城市相互竞争,从旅游中获取收入,确保投资,吸引和留住合格的劳动力。施米特和西蒙森提出城市品牌的塑造包括 3 个完全不同的领域:①寻找新的信息交流方法;②标志设计与视觉识别;③空间设计。本节将从城市品牌的标志作为切入点,从符号学、心理学的角度分析"一带一路"沿途国家与城市标志,了解这些标志向世人传递了怎样的信息并揭示其背后的文化意义。

一、国内外相关研究

范德兰斯等从 10 个国家收集数据以测试标志设计的感知和反应的普遍性,研究发现不同国家在基本的设计维度上是一致的,精巧、自然、和谐是普遍的设计评价标准。受众对设计维度和元素的反应也比较一致,虽然在不同的跨国集群之间略有差异。亚当斯等也认为人类对视觉刺激的反应是由基因决定的,相对不受文化影响。范德兰斯等人的成果为本研究的成立奠定了基础,即多个不同国家的标志可以在共同的研究框架内进行评价与分析。当然,研究也表明不同文化集群在标志设计元素的选择上是有所不同的,钟宇军等在比较美韩标志之后发现,韩国品牌比美国品牌更倾向于使用抽象和符号化的创新设计。基利奇等在比较了日本与美国标志之后,发现许多日本图标的设计比美国图标简单,美国的图标也比日本的更容易平衡。适度复杂的标志可以增强正面效应,而标志设计从属于国家特有的文化,每种文化都会以不同的方式影响标志设计。魏正聪认为城市标志设计中融入城市文脉能提升"城格"。"一带一路"沿线国家包含欧亚非 3 大洲 7 个国家集群,共 65 个国家,受到多元文化的影响,其城市标志显然也会反映出不同的区域特色。

以往对标志策略的研究强调了使用图案标志的优点。谢克特表明,有可识别的对象标识可以为它们代表的品牌创造最大价值。厄休拉认为品牌标志是营销战略的一个重要组成部分,它以视觉统一组织间的沟通,并在一个较长的时期传达一个持续的品牌标识。施米特等认为品牌标志中具有吸引力的美学和视觉元素可能有助于增加营销沟通的影响。亨德森和科特指出最强的品牌标志是让人难忘的(易于编码和长时记忆),传达了一种意义和产生了积极的情感反应。

伦卡斯特雷指出根据符号学的观点,当一个符号没有反映客观世界时,它就是抽象的;而具象符号反映着真实的世界,并有着深厚的文化意义。马查多等研究了标志设计中的自然性与抽象性产生的不同情感反应,将标志分为自然(有机-organic/文化-cultural)的、抽象的,并认为自然的标志是最合理的标志。尤金·崔在对韩国城市标志的研究中将之分为 3 类:自然锚定标志(自然环境和风景特征)、历史锚定标志(特色城市文化和历史遗产)、精神锚定标志(抽象形状)。这种分类与马查多等的分类是基本一致的。而吕文强在其《城市形象设计》一书中将城市形象标志分为3种类型：抽象性的城市标志、具象性的标志和字体性的标志。亨德森和科特也发现，带有公众熟悉和广泛认可的具象意义的标志比更抽象的标志更能产生正确的认识和积极的影响。

品牌名称与广告语同样是城市品牌标志的重要组成部分。阿什沃思和卡瓦拉兹斯认为地方品牌的塑造主要是开发一个短语、广告语或标志。米阿兹加指出名字是最重要的元素之一，它必须容易被普通接受者记住，而广告语同样重要，并且最好直接关联到名字。卡罗尔指出创建地方品牌有两个主要的品牌战略，这在品牌口号中非常明显的得以展现：一种是旅游策略，旨在吸引来自城市以外的游客，如新西兰"100％纯新西兰"；另一种是再发展战略，目的是吸引新商业和外来投资，如南卡罗来纳州"商务友好，商业就绪"。此外，一些城市越来越注重用模棱两可的广告语来宣传品牌，使得各个利益相关者从自己的角度来看城市品牌。研究同时指出广告语应该在观众的脑海中产生一种他们将要体验的思想。

二、研究样本选择

在"一带一路"涉及的65个国家中，本研究选择了各个国家的旅游标志及其首都和部分重要城市的标志，国徽及城市徽章与建设城市品牌的目的无关，因此不在本次研究范围内，未予采集。所采集标志主要来源于各国家、城市政府、旅游局及相关机构的网站，部分标志来源于维基百科。本研究共收录了"一带一路"国家与城市标志136枚(见图4-46)，其中国际标志108枚，国内标志28枚。国内城市标志的选取是根据国家发改委、外交部、商务部联合发布的《推动共建丝绸之路经济带和21世纪海上丝绸之路的愿景与行动》中所公布的24个"一带一路"节点城市(未检索到厦门城市标志)，以及港澳台城市标志3枚、中国旅游标志1枚。国际标志中，东帝汶、孟加拉国、阿富汗、阿曼、巴勒斯坦、塔吉克斯坦6个国家既未检索到国家旅游标志，也没检索到任何一个城市标志。

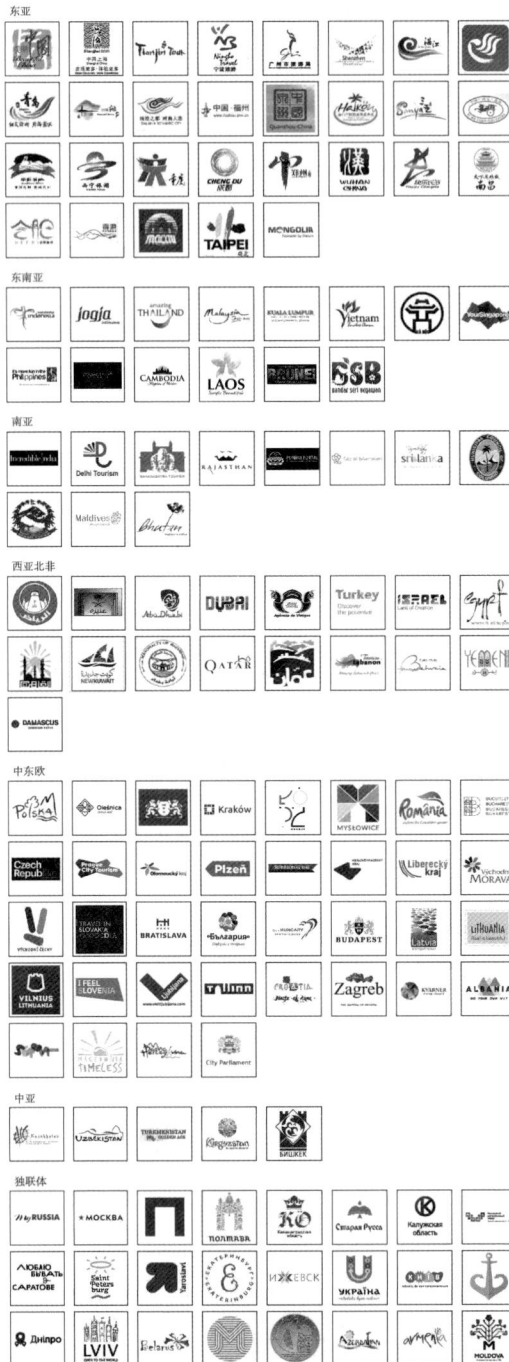

图 4-46 "一带一路"城市标志

三、研究内容与方法

根据前人研究文献,本研究按照标志要素分为:品牌名称、广告语、Logo 3 个部分。

(1)品牌名称。统计标志中是否出现国家/城市名称,如果出现名称是独立出现还是与广告语、Logo 组合出现,统计名称所使用的色彩,及从符号学、心理学的角度分析其所传递的信息。

(2)广告语。统计标志中是否出现了广告语,并对广告语的内容进行分析,了解其广告诉求的目标及特点。

(3)Logo。按照马查多和尤金·崔等人的研究将 Logo 图形元素分为 3 种类别:自然、文化、抽象,了解不同国家集群在 Logo 图形元素的使用及设计风格上有何倾向。同时本研究采用设计师评价的方式,将标志图形归类为复杂、简约、极简 3 个层次,由于简约是现代标志设计的一般准则,所以在复杂之上的层次上没有更多划分。此外,分析不同国家集群 Logo 色彩的使用特点。

(4)组合关系。将 Logo 图形与名称、广告语的组合关系概括为 4 个类型:纯文字、文字图形化、图文结合、图文分离,并分析其组合的结构关系与特征。

四、研究结果与分析

(一) 名称

在 136 个标志案例中,有 128 个含有名称,可见名称是城市标志中不可或缺的重要元素。国际上 95% 的城市标志含有名称,其中 89% 直接使用国家或城市名称,另有 6% 用国家/城市名称与“旅游”组合;国内 89% 的城市标志含有名称,其中 46% 直接使用城市名称,有 18% 用国家与城市名称的组合,另有 18% 使用城市名称与“旅游”组合。

在名称使用的色彩方面,国际上以黑、蓝两色文字为主,分别为 25%、24%,再次为有色底上的反白色文字,占 19%。如果结合广告语的色彩使用情况来看,则蓝色与黑色的比例发生反转。而国内标志中的文字则以黑色为主,占比50％,在国际上广泛运用的蓝色与白色均占10％。究其原因,是因为中国书法在人们心目中的影响根深蒂固,天然的认为文字适合使用黑色。红色在国内文字色彩的使用上居第二位,达到12.5％,一方面是因为从色彩心理学的角度来讲,红色是前进色,能够有效地引起受众的注意;另一方面是由于红色在中国文化上是欢迎、喜庆的象征,同时象征着革命。而反白色彩能够仅次于红色,是因为印章中的阴文形式在其中的应用较为广泛。

然而从国家集群的角度来看,独联体国家在文字色彩运用上比中国更偏爱黑色,有69％的名称与广告语使用了黑色,这可能与其Logo的简洁风格有关系,黑色与其平面化风格的单色图形组合显得更协调且醒目。中亚国家在文字色彩的使用上集中于蓝色与红色,这一现象应该与伊斯兰宗教文化和传统艺术的影响有关,从当地的建筑和织毯上不难看出中亚对这两种色彩的强烈偏爱。而中东欧国家最喜欢在有色底上使用反白文字,占所有此类用法的57％。

(二) 广告语

在这些标志案例中,约45％含有广告语,国际与国内的比例基本持平。国内广告语主要表达城市定位(33％)和城市特点(25％),如"时尚之都""天下雄城",其余平均分布在机构名称、城市环境、与游客的关系、形容与描述等几个方面。而国际标志中的广告语首要表现在形容与描述(31％)、城市定位(22％)两个方面,如"神奇的""喀尔巴阡花园"等,其余依次为与游客的关系(16％)、情感表达(14％)、人生感悟(12％)、城市特点(4％)、旅游信息(4％)等。

如果从国家集群的划分来看,中东欧地区的广告语的主题非常集中,更多地体现了人生感悟与情感表达,占所有城市中此类型广告语的67％和86％,其余为对城市的形容与描述。面对如此感性的城市,无怪乎人们对布拉格等中东欧城市的人文旅游情有独钟。

东南亚城市的广告语重在对城市的形容与描述(82％),神奇、诱人、乐趣、惊喜等是其中常用的词汇。这和东南亚以旅游为主的城市定位有密切关系,将目标受众集中于外国游客而非当地人,在广告语中凸显游客在此地旅游时的体验,引起人们的好奇心与向往,以此增加旅游收入。同时东南亚也是广告语出现比例最高的区域,65%的城市标志结合了广告语,远高于平均值,这体现出东南亚城市强烈的城市品牌推广意识,以及对于旅游经济的高度依赖。

而西亚的广告语中则突出体现了其城市的自我定位,这与当地长期战乱有密切关系,政府将广告语的目标受众聚焦于当地人,以增加国家与城市的凝聚力。如以色列"创造之地"、埃及"开始的地方"、科威特"新的"、叙利亚大马士革"十字路口"等。独联体的广告语出现的比例最低,仅有25%的城市标志出现广告语。

(三) Logo

根据对Logo图形元素的文本分析,发现国内外Logo在类别选择上存在较大差异。国际Logo最常使用自然类元素,71%的Logo包含自然类元素,其中代表自然环境的元素,如花卉、山、太阳等是出现频率最高的,达到44%。文化类图形在56%的Logo中出现,其中文字和建筑都达到20%。抽象图形元素为33%,其中主要为几何形。

国内情况与之有较大差异,79%的Logo包含文化类元素,传统书画艺术形态在其中得到突出体现,书法、笔墨和印章达到61%。与之比重接近的是中英文文字,为57%,而这其中多半文字是用印章或书法的形式体现的。61%的Logo包含自然类元素,其中最为突出的是水,出现在82%的自然元素的Logo中,植物只出现在2个Logo中。只有11%包含抽象类元素,且主要是作为衬底出现。同时,单纯由文化类元素构成的Logo达到36%,单纯由自然类元素构成的Logo为18%,没有纯抽象的Logo图形。近半数Logo是由两种以上图形元素共同组成,这一点国内外相同。

图形元素是标志中信息传递的最主要途径,视觉刺激也最为强烈有效,从图形元素的选择上可看出国内外在诉求上的巨大差异。

国内Logo在信息传播中主要突出当地的文化特色,如滕王阁(南昌)、铜车马(西安)、书法"中"字及武僧(郑州)等。不过正如杜俊君所说,我国城市标志的创新性思维还存在不足,这种特色文化符号的选择大多是以局域为标尺的,缺乏国际化视野。比如说"龙"是中国最有代表性的象征性符号,但在内地城市Logo中却未有一个出现龙的形象或相关信息,而恰恰是香港把龙作为 Logo 的主体元素。对于内地城市而言,龙是所有中国人共同的象征,是信息的传播者和接受者共同的文化符号,不因城市不同而存在明显的差异性,因此不需要强化或提及龙这一象征符号。由此可见,内地城市在品牌传播中的定位是对内的,主要希望吸引国内的游客。而香港的飞龙标志是在香港和世界各地进行 CI 调查,征询对香港的印象后最终做出的选择,这说明了国际上对于香港作为中国文化窗口的认可,也代表了香港对于中国文化本源的认同。香港的品牌定位从最初就是面向国际的,神秘的中国传统文化是其诉求的核心。2010 年著名设计师陈幼坚主持了香港城市标志的改版,在保留了飞龙图案的基础上增加了几根彩色飘带,强化了其多元文化的特点及拼搏精神等内涵,在一定程度上也体现出对国内市场的关注。

同时可以看到,自然景观元素在国内 Logo 中出现的较少,即使包含此类元素也很少成为 Logo 的主体,仅有青岛、湛江等少数城市完全采用此类元素,显然中国城市在自然景观方面缺乏自信。与之相对应的是国际城市 Logo 大量采用自然景观元素,当然这一方面说明国际上不少城市以优美的风光为突出优势,另一方面也和各城市集群的历史文化传承有一定关系。人类历史上最为悠久的四大文明古国都处在"一带一路"沿线,另外三大文明所处的西亚北非城市群和印度巴基斯坦城市群,其文化类元素的使用率也达到 68%,远高于自然类元素的 32%。因此可见,历史比较悠久的城市会更爱用文化类元素,这可能是出于文化的自豪感,会有意识地运用这些元素,也可能是由于渗透到基因中的文化印记,不自觉间就会发散出来。这一现象与尤金·崔的观点是一致的,即风景优美的城市倾向于选择自然类标志、历史悠久的城市会强调其历史和传统。

与之不同的是中东欧地区城市 Logo 喜欢用精神类元素,尤其是几何图形,41% 的 Logo 中含有几何图形元素。独联体城市也对几何图形表现出同样的热情,其 38% 的城市使用了几何图形元素。这两个区域使用的几何图形占各国所有此类元素总数的 67%。虽然本研究只涉及这两个欧洲国家集群,但若将视线稍微扩展一下就会发现,中东欧和独联体城市标志在元素的选择上更贴近于西欧的城市标志,既受到在欧洲占据主导地位的德英法等国设计风格的鲜明影响,又在一定程度上保留了当地文化特色。

在 Logo 色彩的应用上,国内色彩的使用较为复杂,Logo 中使用三色以上的占54％,使用全彩色的达到 21％,而单色 Logo 只有 7％。与之对应的是,国际单色Logo 的比例是 38％,三色及以上的比例是 40％,全彩色 Logo 仅有 1 例,5 种以上的多彩色为 13％。

蓝、红、绿三色是各国最常用的色彩,分别出现在 57％、56％和 49％的 Logo中。传统三原色之一的黄色却不太受欢迎,仅出现在 32％的 Logo 中。一方面是由于红绿蓝与白色的明度对比较大,而黄色与白色对比较弱,明视度不高;另一方面红绿蓝在色彩心理与色彩联想方面的意义通常都比较积极,可用于表达热情好客、愉悦的情绪以及蓝天、海洋、绿树等良好的自然环境等,而黄色常代表阳光、金碧辉煌、历史遗迹、沙漠等,较多对应文化类元素。

(四) 组合关系

在 Logo 与文字的组合关系上,国内外都有差不多一半的城市标志是图文分离状态,国内没有纯文字的 Logo,国际上有 9％的 Logo 不含有图形,国内外标志图文结合使用的比例分别是 17％和 36％。

13％的国际 Logo 使用文字图形化的方式,17％的标志图文结合使用,而这一比例在国内是 36％和 18％。国内标志 43％呈现横向比例,而国际标志中这一比例达到 74％。这主要是由于文字结构造成的影响,中文呈现出方块字的结构特点,而英语等音韵系统文字呈现横向的线形结构,所以国际标志中结合文字的标志整体造型拉长。这一特性致使在同样的 Logo 与文字的组合比例下,英文需要将字体设计得更小才能容纳足够多的字符,不但拉长了阅读的过程,同时会造成视觉注意力的分散。正如韩士元指出,作为标志的视觉元素,语标书写系统(如中文)要比音韵系统更具有吸引力。

一些国家集群在标志的整体风格上展现出突出的地域个性。东亚城市标志常在图形中融合多元意象,55％的标志中出现 3 种以上的图形元素。同时东亚城市标志对 Logo 中出现的文字常做图形化设计,达到 38％,而其他区域这一比例仅为13％。西亚北非城市标志中大量使用曲线造型,其图形与文字都呈现出较多层次感。一方面图形与图形存在叠加或组合,线条相互穿插或遮挡;另一方面表现在文字的处理上,将装饰纹样、色彩渐变、图形等与文字叠加组合,或将当地语言与英语进行组合设计,这些特征都造成了本地域城市标志的复杂性。而中东欧与独联体城市标志均以简洁为主,两地极简风格的标志占全部此类风格标志的87%,标志图形呈现鲜明的平面化倾向,较少使用渐变色彩、图形叠加或带有立体感的图形。但中东欧城市标志中的文字常叠加在图形上,并做反白色彩处理,而独联体城市标志更常用单色、简单几何形作为Logo,具有明显的扁平化设计特征,在极简主义的道路上走得更远。中亚国家城市标志复杂,且常用地球形象,80%的标志出现地球或相关意象。

五、结论

通过对"一带一路"城市标志的分析,发现几个国家集群的城市标志都具有鲜明个性,不同国家集群之间也存在明显差异性,尤其是在文字色彩的应用、广告语的定位、Logo图形元素的选择等方面的差异较为突出。造成这一现象的原因,主要是城市品牌定位的不同,扩大旅游竞争力是大多数城市品牌传播的主要目标,而各地自然、人文景观等旅游资源的差异造成其在标志设计中凸显的元素也各有千秋。同时,各地传统文化等要素也会在标志设计中产生较大的影响力,尤其是在历史越为悠久的文明所在地,其传统文化的力量越为彰显。此外,地缘政治、身份认同等也会成为影响城市形象传播的重要方面。

参考文献

［1］蔡顺兴.数字公共艺术的"场"性研究[D].上海：上海大学,2011.

［2］曹金焰.城市形象宣传中的品牌传播研究[D].苏州：苏州大学,2005.

［3］昌敬惠,关颖.跨文化传播语境下城市国际形象的传播策略研究[J].新闻世界,2018
(11)：89－93.

［4］常量.品牌评价[M].北京：中国标准出版社,2017.

［5］陈风华,胡冬梅.多模态隐喻研究20年(1998—2017)——理论、实践与进展[J].外国语
文,2018,34(5)：107－113.

［6］陈高明.生活空间艺术与城市视觉文化品牌的塑造[J].文艺争鸣,2011(2)：24－25.

［7］陈心婷.城市品牌形象营销[J].新闻传播,2013(4)：236－237.

［8］陈旭钦."一带一路"背景下的城市形象传播与媒体担当[J].新闻战线,2017(5)：
64－66.

［9］陈艺.上海城市品牌定位评价与提升[D].上海：上海交通大学,2009.

［10］成海."旅游凝视"理论的多向度解读[J].太原城市职业技术学院学报,2011(1)：
68－69.

［11］程绍文,梁玥琳,李艳,等.国内外旅游凝视研究进展综述[J].旅游论坛,2017,10(3)：
24－34.

［12］[美]大卫·奥格威.品牌经营法则[M].呼和浩特：内蒙古出版社,1999.

［13］刁溯.城市形象宣传片的创作特点与传播价值研究[D].南京：南京艺术学院,2014.

［14］董雅,睢建环.公共艺术生存和发展的当代背景[J].雕塑,2004(3)：21.

[15] 杜俊君.城市标志设计及其传播在城市营销中的应用问题研究[J].艺术与设计,2009(3)：51-61.

[16] 杜青龙,袁光才.城市品牌定位理论与实证分析[J].西南交通大学学报(社会科学版),2004(6)：105-108.

[17] 范恒君,胡宝,陈振宇.旅游城市品牌创新的问题与对策研究[J].广西社会科学,2008(4)：77-80.

[18] 方丽.城市品牌要素研究及实证分析[D].成都：西南交通大学,2005.

[19] 冯德正,张德禄,Kay O'Halloran.多模态语篇分析的进展与前沿[J].当代语言学,2014,16(1)：88-99.

[20] 冯德正.多模态隐喻的构建与分类——系统功能视角[J].外语研究,2011(1)：24-29.

[21] 付博文.地域文化在城市品牌形象设计中的应用研究——以敦煌为例[D].成都：西南交通大学,2016.

[22] 郭德泽,徐永泉.新媒体语境下城市形象传播的现实困境与提升路径[J].唐山师范学院学报,2013(3)：33-36.

[23] 何珍.城市营销研究[D].上海：华东政法大学,2011.

[24] 胡梅,苏杰.基于顾客价值视角的城市品牌感知因素研究[J].北京交通大学学报(社会科学版),2014,4(13)：59-63.

[25] 黄景清.城市营销[M].深圳：海天出版社,2003.

[26] 黄鸣奋.新媒体与西方数码艺术理论[M].福建：学林出版社,2009.

[27] 黄晓敏.西安城市品牌形象传播问题与对策研究[D].锦州：渤海大学,2017.

[28] 姜海,陈建新.论城市品牌生成机制[J].华南理工大学学报(社会科学版),2004(2)：50-55.

[29] 金江波.当代新媒体艺术特征[M].北京：清华大学出版社,2016.

[30] 金媛媛.城市品牌识别体系探究[D].北京：中国矿业大学,2014.

[31] [美]凯文·莱恩·凯勒.战略品牌管理[M].4版.北京：中国人民大学出版社,2005.

[32] [美]凯文·林奇.城市意象[M].方益萍,何晓军译.北京：华夏出版社,2001.

[33] 孔琳,蔡文杰.中国城市品牌建设现状[J].国际公关,2009(5):39-41.

[34] [英]莱斯利·德·彻纳东尼.品牌制胜——从品牌展望到品牌评估[M].蔡晓煦,等译.北京：中信出版社,2002.

[35] 李成勋.关于城市品牌的初步研究[J].广东社会科学,2003(4)：71-76.

[36] 李鹤.公共艺术中"公共性概念"界定——中国公共艺术话语研究[J].装饰,2017(2)：70-72.

[37] 李拉扬.旅游凝视：反思与重构[J].旅游学刊,2015,30(2)：118-126.

[38] 李文嘉,李紫薇.品牌提升：新媒体艺术在城市公共空间的运用[J].创意与设计,2017(6)：63-67.

[39] 刘敏中.文化符号论[J].齐齐哈尔师范学院学报(哲学社会科学版),1990(2)：5-9.

[40] 刘仁,官欣.城市品牌形象定位下的城市标志设计研究[J].美术大观:艺术与设计, 2016(12):142.

[41] 刘亚秋.从传播学角度解析城市品牌的传播路径——以杭州为例[D].山东:山东大学,2016.

[42] 刘彦平.中国城市营销发展报告(2014—2015):助力可持续城镇化[M].北京:中国社会科学出版社,2015.

[43] 卢国英.用户体验视角下的城市品牌接触点设计研究[J].包装工程,2018,39(18): 61-67.

[44] 鲁嘉颖,傅炯.城市品牌形象的标识设计研究[J].工业设计,2018(10):88-89.

[45] 陆娟.品牌资产评估的模型与方法[J].中山大学学报(社会科学版),2002(3):88-96.

[46] [英]罗伊·阿斯科特.未来就是现在——艺术,技术和意识[M].袁小潇,编.北京:金城出版社,2012.

[47] 吕文强.城市形象设计[M].南京:东南大学出版社,2002.

[48] 马继兴.旅游心理学[M].北京:清华大学出版社,2010.

[49] 马武定.城市风貌与城市特色[C].第二届"U+L新思维"全国学术研讨会论文集. 2006:3-4.

[50] 倪勇.城市形象设计中视觉识别要素设计实践研究——以扬州2500周年城庆logo设计为例[J].设计,2015(4):15-17.

[51] 潘艳艳,张辉.多模态语篇的认知机制研究——以《中国国家形象片·角度篇》为例[J].外语研究,2013(1):10-19.

[52] 彭惠.城市形象塑造中新媒体艺术应用策略研究[D].广州:暨南大学,2016.

[53] 彭凌玲,孙晓光.走向视觉和谐的黄金时代——论艺术与设计中视觉信息的传播[J]. 美术大观,2006(10):70-71.

[54] 彭兆荣.现代旅游景观中的"互视结构"[J].广东社会科学,2012(5):189-197.

[55] [日]千鹿野茂.日本家纹总鉴[M].东京:角川书店,1993.

[56] 钱志鸿,陈田.发达国家基于形象的城市发展战略[J].城市问题,2005(1):63-68.

[57] [美]乔治·莱考夫,马克·约翰逊.我们赖以生存的隐喻[M].何文忠,译.浙江大学出版社,2015.

[58] 宋月华.城市行为识别系统研究[D].长沙:中南大学,2009.

[59] 孙湘明.城市品牌形象系统研究[M].北京:人民出版社,2012.

[60] 童芳.新媒体艺术[M].南京:东南大学出版社,2006.

[61] 王东辉.中国当代公共艺术的现状、问题与对策[D].北京:中国艺术研究院,2012.

[62] 王峰.新技术背景下的公共艺术互动探究[J].南京艺术学院学报(美术与设计版), 2010(1):146-148.

[63] 王彦发.视觉传达设计原理[M].北京:高等教育出版社,2008.

[64] 王志欣.领跑——中国城市卖点圣经[M].北京:清华大学出版社,2004.

[65] 魏正聪.基于城市文脉的区域政府标志设计思考与实践[J].包装工程,2017(4):79-83.

[66] 文健,胡华中,钟卓丽.设计构成[M].北京:北京大学出版社,2009.

[67] 吴波,吴宁.日本家徽文化的历史演进[J].廊坊师范学院学报(社会科学版),2011,27(2):76-78.

[68] 吴萍.城市文化中公共艺术空间的拓展[J].包装工程,2015,36(6):17-24.

[69] 夏初蕾.新媒体形态下互动广告与城市形象构建[J].中国报业,2014(18):21-22.

[70] 萧冰,王茜.广告的力量[M].上海:上海交通大学出版社,2016.

[71] 萧冰,李雅.设计色彩[M].上海:上海人民美术出版社,2009.

[72] 萧冰.大数据时代数据关系的视觉建构[J].包装工程,2016(4):5-8.

[73] 萧冰,陈昕雨.新媒体公共艺术对城市文化建构以及城市品牌振兴研究[R].上海:东方设计论坛,2018.

[74] 萧冰."一带一路"国家与城市形象标志设计研究[C]//东方设计学研究.上海:上海交通大学出版社,2018:34-41.

[75] 萧冰.人工智能与算法技术背景下广告营销的发展与挑战[J].新媒体与社会,2018(22):128-140.

[76] 谢竞贤.多模态视角下的隐喻——兼评 Charles Forceville 的隐喻研究[J].外语学刊,2011(5):49-52.

[77] 谢顺舒.城市品牌形象传播研究[D].重庆:重庆大学,2013.

[78] 许慧新.我国城市品牌塑造问题研究[D].兰州:兰州大学,2006.

[79] 颜如春.城市形象塑造要强化文化意识[J].行政论坛,2002(5):76-77.

[80] 尹启华,魏海涛.城市品牌研究[J].湖南工程学院学报,2003,13(4):5-8.

[81] [英]尤瑞.游客凝视[M].杨慧,赵玉中,王庆玲,等译.桂林:广西师范大学出版社,2009.

[82] 于春玲,王海忠,赵平,等.不同区域驱动品牌忠诚的感知价值差异分析[C]//中国市场学会 2006 年年会论文集.北京:中国市场学会,2006.

[83] 于宁.城市品牌定位研究[J].市场营销导刊,2007(Z1):49-53.

[84] 袁悦.跨文化传播视角下城市文化的传播策略研究——以中德共同出版《黄鹤楼童话故事》为例[J].视听,2018(11):166-168.

[85] 翟炜,顾朝林.生态学视角下的城市生命周期及其演替——以北京市为例[J].城市问题,2016(7):30-37.

[86] 张德禄.多模态话语分析综合理论框架探索[J].中国外语,2009,6(1):24-30.

[87] 张帆,陈冉,刘万里.真实的虚像:交互式建筑的社交化倾向研究[C].数字技术·建筑全生命周期——2018 年全国建筑院系数字技术教学与研究学术研讨会.高等学校建筑学专业教育指导委员会,2018.

[88] 张宏.世纪之交的大连城市形象建设[J].大连大学学报,1999(1):39-43.

[89] 张鸿雁. 后现代城市——城市品牌[M]. 南京：东南大学出版社，2004.

[90] 张鸿雁. 论城市形象建设与城市品牌战略创新——南京城市综合竞争力的品牌战略研究[J]. 南京社会科学，2002(S1)：327 - 338.

[91] 张锐，张燚. 城市品牌理论研究综述[J]. 商业研究，2007(11)：79 - 84.

[92] 张兴明. 全方位城市营销策略探索[J]. 科教文汇(中旬刊)，2016(1)：186 - 188.

[93] 张政，彭建. 城市文化品牌[M]. 北京：中国戏剧出版社，2003.

[94] 张志刚，弓雅琪. Logo 传播的公共文化效应分析[J]. 文化学刊，2013(1)：97 - 101.

[95] 赵伟. 浅议城市地标建筑之争[J]. 城市建筑，2014(24)：272 - 273.

[96] 赵秀凤，苏会艳. 多模态隐喻性语篇意义的认知构建——多模态转喻和隐喻互动下的整合[J]. 北京科技大学学报(社会科学版)，2010，26(4)：18 - 24.

[97] 赵秀凤. 概念隐喻研究的新发展——多模态隐喻研究——兼评 Forceville & Urios-Aparisi《多模态隐喻》[J]. 外语研究，2011(1)：1 - 10.

[98] 郑晓慧. 城市文脉在现代城市标志设计中的表现策略研究[D]. 杭州：浙江理工大学，2012.

[99] 郑雅凤. 隐喻理论研究综述[J]. 名作欣赏，2017(1)：52 - 54.

[100] 周呈思. 创意时代的新受众认知分析[D]. 武汉：华中科技大学，2007

[101] 周清平. 符号·符码·文本：西方(英、美)电视文化符号论[J]. 贵州师范大学学报(社会科学版)，2014(3)：132 - 136.

[102] 周烨. 文化空间集群与媒介传播——城市文化建设的"齿轮效应"研究[D]. 杭州：浙江大学，2016.

[103] 踪家峰，郝寿义，黄楠. 城市治理分析[J]. 河北学刊，2001(6)：32 - 36.

[104] 左仁淑，崔磊. 城市营销误区剖析与城市营销实施思路[J]. 四川大学学报(哲学社会科学版)，2003(3)：41 - 44.

[105] Adams R B, Gordon H L, Baird A A, et al. Effects of gaze on amygdala sensitivity to anger and fear faces [J]. Science, 2003, 300(5625)：1536.

[106] Ashworth G J, Kavaratzis M. Beyond the logo：brand management for cities [J]. Journal of Brand Management, 2009,16(8)：520 - 531.

[107] Ashworth G J, Vooged H. Marketing the city：concepts, process and dutch applications [J]. Town Planning Review, 1998(1)：65 - 69.

[108] Bickford-Smith. Creating a city of the tourist imagination：the case of cape town, 'the fairest cape of them all' [J]. Urban Studies, 2009,46(9)：1763 - 1785.

[109] Carroll M C, Nelson S. Place branding：viable development strategy or practitioner placebo [J]. Australasian Journal of Regional Studies, 2017,23(1)：27 - 47.

[110] Chalip L, Costa A. Sport event tourism and the destination brand：towards a general theory [J]. Sport in Society, 2005,8(2)：218 - 237.

[111] Chang T C. Renaissance revisited：singapore as a 'global city for the arts' [J].

International Journal of Urban and Regional Research, 2000,24(4): 818 - 831.

[112] Han Shiyuan, Chen Liuqin. On the industry value chain, clustering effect and the chain effect [J]. China Finance Accounting Monthly, 2007(26): 85 - 87.

[113] Henderson P W, Cote J A. Guidelines for selecting or modifying logos [J]. Journal of Marketing, 1998,62(4): 14 - 30.

[114] Altman I, Christensen K. Environment and behavior studies: emergence of Intellectual Traditions [M]. New York and London: Plenum Press, 1990.

[115] Jong Woo Jun, Hyung-Seok Lee. Cultural differences in brand designs and tagline appeals [J]. International Marketing Review, 2007,24(4): 474 - 491.

[116] Kilic O, Miller D W, Vollmers S M. A comparative study of American and Japanese company brand icons [J]. Journal of Brand Management, 2011,18(8): 583 - 596.

[117] Kotler P, Asplund C, Rein I, et al. Marketing places Europe [M]. London: Prentice Hall, 1999.

[118] Lencastre P. L'identification de la marque, un outil de stratégie de marketing: le nom de la marque, le logotype et la mémorisation [D]. Doctoral dissertation, Université Catholique de Louvain, Louvain-la-Neuve, 1997.

[119] Liu Menghai. Local governments the ability to cultivate its own brand business studies [J]. Theoretical Journal, 2008,11(117): 53 - 55.

[120] Machado J C, De Carvalho L V, Torres Anna, et al. Brand logo design: examining consumer response to naturalness [J]. The Journal of Product and Brand Management, 2015, 24(1): 78 - 97.

[121] Bill M, Dale M, Carmel H. Multiple stakeholders and multiple city brand meanings [J]. European Journal of Marketing, 2012,46(7): 1032 - 1047.

[122] Kavaratzis M, Ashworth G J. City branding: an effective assertion of identity or a transitory marketing trick? [J]. Journal of Place Branding, 2006(2): 183 - 194.

[123] Caldwell N, Freire J R. The diffences betwen branding a country, a region and a city: applying the brand box model [J]. Journal of Brand Management, 2004 (1): 50 - 61.

[124] Peel D, Lloyd G. New communicative challenges: dundee, place branding and the reconstruction of a city image [J]. Town Planning Review, 2008, 79 (5): 507 - 532.

[125] Schechter A H. Measuring the value of corporate and brand logos [J]. Design Management Journal, 1993, 4(1): 33 - 39.

[126] Schmidt K. The quest for identity [M]. London: Cassell, 1995.

[127] Luque-Martinez T. Modeling a city's image: the case of Granada [J]. Cities, 2007 (4): 335 - 352.

[128] Koller V. Semiotic and cognitive aspects of city branding [J]. Journal of Language and Politics, 2008,7(3): 431 - 450.

[129] Zenker S. Who's your target? The creative class as a target group for place branding [J]. Journal of Place Management and Development, 2009,2(1): 23 - 32.

索 引